Die Olive
Kulturgeschichte einer Frucht

Horst Schäfer-Schuchardt

Die Olive

Kulturgeschichte einer Frucht

DA Verlag Das Andere

Danksagung

An den Anfang möchte ich den Dank an meine Frau Christine stellen. Mit ihrer Geduld und fördernden Mitarbeit trug sie über Jahre hinweg erheblich zum Gelingen dieses Buches bei und wurde somit zur Schutzherrin desselben. Anregend war auch das erwachende Interesse unserer Tochter Anna-Maria an der Olive, was schließlich zum Pflanzen eines eigenen Ölbaums, unserem gemeinsamen Lebensbaum, führte.

Die Zusammenstellung all der im Film oder in diesem Buch verwerteten Kenntnisse, Daten, Erfahrungen oder Hinweise wäre nicht möglich gewesen ohne die Mithilfe zahlreicher Freunde, Experten und Helfer aus verschiedenen Bereichen. An erster Stelle ist hier Dr. O. Guggenbichler vom Bayerischen Rundfunk zu danken, der durch seine Bereitwilligkeit, einen Dokumentarfilm über den Olivenbaum zu drehen, auch die Basis für eine Buchpublikation geschaffen hat. Der lichttechnische Apparat des Bayerischen Rundfunks hat entscheidenden Anteil an der Herstellung des vorliegenden Fotomaterials. Dem Bayerischen Rundfunk sei hier ausdrücklich gedankt. Das gleiche gilt für den Regisseur G. Friedrich und den Kameramann G. Stockder, die mit Geduld und Rat zur Seite standen.

Zu danken ist auch wegen der zahlreichen Hinweise und Unterstützungen: Prof. Dr. A. D'Addabbo, Ehrenkonsul der Bundesrepublik Deutschland in Bari – dem Direktor des Museo Nazionale di Taranto, Prof. Dr. G. Andreassi – Prof. Dr. C. Dell'Aquila, Universität Bari, für seine umfangreichen Kenntnisse der unterirdischen Grotten und Kirchen Apuliens – Dr. G. Beckel vom Martin von Wagner Museum in Würzburg – den Behörden in Ägypten, Griechenland und Italien für die Dreh- und Fotografiererlaubnis – Dr. Beinlich vom Ägyptologischen Institut der Universität Würzburg – D. Caiazzo, Presidente del gruppo speleologico Dauno, für seine Wissensvermittlung der apulischen Höhlenforschung – A. Castellano,

Ispettore onorario della Soprintendenza ai Monumenti in Puglia – Dott. D. Coppola, Direktor des Prähistorischen Museums von Ostuni – Prof. ssa Gigliola De Donato, Universität Bari – Pater Düsing, Smith-School, Jerusalem – Prof. Dr. Dr. R. Ebner, Theol. Fakultät der Universität Bayreuth – Dr. D. Eitam, Direktor des Olivenölmuseums Shemen Factory, in Haifa – Dr. R. Dell'Erba, Besitzer der Masseria Dell'Erba bei Monopoli – Prof. Dr. K. Fleischer, Tropenmedizin des Missionsärztlichen Instituts in Würzburg – Dr. E. Aly Hegazy, Chiefinspector of Antiquities of Quma, Luxor – West Bank – Ilse Hofmann, Homöopathin – Dr. A. Kadry, Director of the Head of Antiquities Organization in Kairo – Dr. N. Lavermicocca vom Museo Archeologico Bari – Dr. R. Neudecker vom Deutschen Archäologischen Institut Rom – Prof. Dr. Wolf-Dieter Niemeier, Professor am Archäologischen Institut der Universität Heidelberg – Dr. Oberg, Informationsgemeinschaft Olivenöl, München – Dr. M. Siemer, Direktor der Kurhessischen Hausstiftung-Museum, Schloßfasanerie Fulda – Prof. Dr. Erika Simon, Ordinaria am Archäologischen Institut der Universität Würzburg (emerit.) – Prof. Dr. U. Sinn, Ausgrabungsleiter in Olympia und Vorstand des Institutes für Archäologie der Universität Würzburg – Dr. El Mohammed Socheier, Direktor des Ägyptologischen Museums Kairo – Prof. Dr. Zauzich, Ordinarius am Ägyptologischen Institut der Universität Würzburg – Hava Zimucki, Journalistin des Jedioth Achronoth in Jerusalem.

Ganz besonders hervorzuheben ist die Mitarbeit und Hilfe von Ottavio Ciamei, der die Ölmühle aus dem 19. Jahrhundert auf seinem Landgut bei Massafra eigens für die Aufnahmen funktionsfähig restaurieren ließ und seine Olivenhaine zur Verfügung stellte. Dasselbe gilt auch für Franco Cuonzo, der ebenfalls bereitwillig seine Ölbäume in Palombaio, seine Arbeiter und seine Kenntnisse anbot. Dies trifft im hohen Maße auch für Barbara und Mimmo Guaccero zu, die nicht nur ihre Masseria bei Palo del Colle, ihre Olivenplantagen und Arbeitskräfte anboten, sondern auch ihre eigenen neuesten Forschungsergebnisse sowie ihr Fachwissen zum Kapitel über die Ölbaumsorten Apuliens beisteuerten und damit wesentlich zum Entstehen dieses Buches beitrugen. Dank gilt nicht zuletzt Conte Onofrio Spagnoletti-Zeuli, der mich nicht nur mit den Olivenhainen seiner Plantage vertraut machte, sondern mich auch mittels seines Koches in die Geheimnisse der Verwendung von Olivenöl in der apulischen Küche einweihte. Auch die Taverne von Carlo Sforza auf dem Hügel des Castel del Monte erwies sich als eine der Stätten, wo der Kult um die Oliven und das Öl als wesentlicher Bestandteil der apulischen Küche angesehen werden. Die Verwendung von Olivenölen in der deutschen Küche demonstrierte in nachahmlicher und deshalb dankenswerter Weise Hanjo Seißler, Autor und Regisseur der folgenreichen Sendereihe »Schmeckt's...«, TV-Talkmaster und Kantinenpächter, Theologe, Journalist, Restaurantkritiker, Ghostwriter und Feuilletonist sowie Texter für Kabaretts und »Leo's Magazin«. Seit Jahren versucht er den Deutschen klarzumachen, daß Olivenöl eine gesunde Köstlichkeit ist. Er zeigt mit seinen Rezepten die Vielseitigkeit dieses Naturproduktes und beweist damit: Dieses flüssige Geschenk der Göttin Athene gehört in jeden Haushalt. Schließlich sei noch Antonio Castellano gedankt, der zahlreiche sachdienliche Beiträge und nützliche Ergänzungen lieferte.

Würzburg im Februar 1996

Inhalt

Vorwort 8

Der Mittelmeerraum als Wiege der Zivilisation und Heimat des Ölbaums 10

Dort, wo die ersten Ölbaumkulturen gediehen 20

Im verheißenen Land 38

Auf den Spuren Homers 42

Die Göttin Athene und der Ölbaum 50

Olivenöl als Schönheitsmittel und Wundermedizin 64

Mit Olivenkränzen und Olivenöl in das Reich des Hades 76

Vom Orient zum Okzident 84

Arbeitsmethoden und Herstellungstechniken in literarischen und archäologischen Quellen 90

Vom Judentum zum Christentum 108

Lampen, Krüge, Schnitzereien 118

Vom Mittelalter ins 20. Jahrhundert (Apulien) 140

Bitonto, die Stadt der Olivenbäume 164

Die Ölbaumsorten Apuliens 170

Die qualitative Einstufung der Olivenöle 200

Die Kunst, mit Olivenöl zu kochen 214

Die Rezepte aus dem Hause Spagnoletti-Zeuli 224

Deutsche Küche mit einem Hauch köstlich-gesundem Süden. Hanjo Seißler und das Olivenöl 230

Olivenöl und Cholesterinspiegel (von Klaus Fleischer) 244

Glossar 250

Historische Quellen 254

Weiterführende Literatur 256

Vorwort

Die Idee, ein Buch über den Ölbaum und seine Geschichte zu schreiben, entstand 1985/86 während der Dreharbeiten für einen Dokumentarfilm über das gleiche Thema, den das Bayerische Fernsehen in Zusammenarbeit mit der Associazione Provinciale Oliviculturi und der Associazione Volontaria Provinciale Produttori Olivicoli herstellte. Einen finanziellen Beitrag leistete dabei das Assessorato alla Agricultura di Puglia; der Landwirtschaftsminister, Dr. Bellomo, unterstützte das Vorhaben.

Für mich als Kunsthistoriker und Autor, aus einem Land kommend, wo meines Wissens kein einziger wildgewachsener Olivenbaum im Freien anzutreffen ist und es somit auch keine Ölmühlen und Relikte gibt, die auf eine Olivenölproduktion in der Vergangenheit schließen lassen, war dies eine höchst reizvolle Aufgabe. Da Apulien für mich schon seit geraumer Zeit fast eine zweite Heimat war, hatte ich den Ölbaum, seine Früchte und besonders sein Öl längst lieben und schätzen gelernt. Je mehr ich mich dann mit der Geschichte dieses einzigartigen Baumes, seiner Verbreitung und seiner Nutzung befaßte, desto größer wurde die Ehrfurcht vor diesem wahrhaft göttlichen Geschenk Athenas an die Menschheit. Man darf mit Sicherheit behaupten, daß es im ganzen Mittelmeerraum keine einzige Pflanze gibt, die über einen Zeitraum von mehreren Jahrtausenden dem Menschen so viel gegeben hat wie der Ölbaum. Sogar der Weinstock muß hier bescheiden zurückstehen. Der Ölbaum bietet nicht nur seine Früchte, die Oliven, und das daraus erzeugte Öl für die Zubereitung von Speisen an, für medizinische Zwecke, für die äußerliche Pflege des Körpers, für die Arbeit im Haushalt und in der Landwirtschaft, für den Kult im religiösen Bereich oder zur Beleuchtung von Tempeln, Palästen und Häusern – auch seine Zweige, sein Holz und seine Blätter finden vielfach Verwendung, so für kultische Handlungen, für die Herstellung von Gebrauchsgegenständen und für die Errichtung von Bauwerken.

Überall in den Ländern des Mittelmeerraumes und neben Italien besonders auf Kreta, in Griechenland, der Türkei, Israel und Ägypten begegnete ich den Spuren einstiger Produktions- und Kultstätten, die den vielseitigen Nutzwert dieses Baumes in der Vergangenheit bezeugen. Heute beschränkt man sich fast ausschließlich auf den Ernährungsaspekt: Man verspeist die Oliven und gewinnt aus ihnen Öl. Die medizinische Nutzung des Olivenöls, die in Vergessenheit geraten schien, hat durch die revolutionären Entdekkungen niederländischer Forscher im Frühjahr 1987 – man stellte fest, daß der Genuß von Olivenöl eine drastische Senkung des Herzinfarktrisikos bewirkt – eine neue bedeutende Wendung erfahren. Erforschungen der Eßgewohnheiten in den Mittelmeerländern, bei denen unter den Fetten Olivenöl mit bis zu 75% eine zentrale Rolle einnimmt, erbrachten zudem erstaunliche Resultate hinsichtlich der Lebenserwartung der dortigen Bewohner. Dies zeigt eine Darstellung der sogenannten *Dieta Mediterranea*, der »Mittelmeerdiät«.

Weltweit werden im Durchschnitt jährlich zwei Millionen Tonnen Olivenöl hergestellt. Davon entfallen auf die afrikanischen Länder wie Marokko, Libyen, Algerien und Tunesien rund 200000 Tonnen, auf Nord-, Mittel- und Südamerika zusammen rund 12000 Tonnen, auf Syrien und die Türkei rund 200000 Tonnen und auf die europäischen Länder wie Frankreich, Griechenland, Italien, Portugal und Spanien rund 1500000 Tonnen Olivenöl. Italien und Spanien erweisen sich mit je rund 500000 bis 600000 Tonnen Öl als die größten Herstellerländer – auch weltweit gesehen. Unter den Regionen Italiens liegt Apulien mit einem durchschnittlichen Jahresertrag von 200000 Tonnen weit an der Spitze und übertrifft z. B. die Toskana, die auf circa 10000 Tonnen Olivenöl jährlich kommt, um das Zwanzigfache. Apulien beherrscht den italienischen Markt mit einem Anteil von 40 bis 50 Prozent und steht mit einem Zehntel der Weltproduktion als größte olivenölproduzierende Region da. Sein Ölbaumbestand wird auf rund 45 Millionen geschätzt – das entspricht mehr als einem Drittel der geschätzten Gesamtanzahl von 125 Millionen Ölbäumen in Italien. So gesehen schien es legitim, bei der Darstellung des Olivenanbaus und der Ölgewinnung in Vergangenheit und Gegenwart Apulien eine Vorrangstellung einzuräumen.

Der Mittelmeerraum als Wiege der Zivilisation und Heimat des Ölbaumes

Ölbaum bei Monopoli in Apulien

Der Mittelmeerraum gilt als Wiege unserer Zivilisation. Er ist auch die historische Heimat des Ölbaumes. Für Griechen und Römer war die *olea europaea* die bedeutendste Kulturpflanze. So empfahl der Dichter Vergil, man solle sich von Oliven ernähren, sie seien fruchtbar, fleischig und dem Frieden geweiht. Im Jahre 60, also etwa 90 Jahre nach Vergil, wies der römische Agrarexperte Lucius Junius Moderatus Columella dem Olivenbaum den ersten Platz unter den Bäumen zu. *»Olea prima omnium arborum est.«*

In der Tat gab es im klassischen Altertum keinen Baum, der soviel Nutzen brachte, so wertvoll war und von den Völkern des Mittelmeerraumes so verehrt wurde wie der Olivenbaum. Mit Kränzen aus seinen Zweigen wurden schon in der Antike die Sieger friedlicher Wettkämpfe, aber auch die Helden blutiger Kriege gekrönt. Mit dem aus seinen Früchten gewonnenen Öl salbte man die großen Häupter dieser Erde. Reichtum und Wohlergehen hingen von ihm ab. Die Oliven waren ein unentbehrliches Nahrungsmittel – wie auch heute noch. Als Salb- und Duftöl war Olivenöl das wichtigste Mittel in der Körperpflege und daher hochgeschätzt. Ein Toten- und Götterkult ohne Olivenöl war unvorstellbar. Daher war es fester Bestandteil bei religiösen Zeremonien. Es gab Völker, wie das der Kreter (bis 1500 v.Chr.) oder der Philister (um 1000 v.Chr.), die ihren Reichtum ausschließlich den Erträgen dieses Baumes verdankten. Im Handel mit anderen Staaten war es ein beliebtes Tauschgut, für das man hochwertige Waren erwerben konnte, die im eigenen Land fehlten.

Mit seinen langen, warmen und trockenen Sommern sowie den milden, regenreichen und feuchten Wintern bietet das Klima des Mittelmeerraums die idealen Voraussetzungen für das Gedeihen des Ölbaumes. Sonne, Wasser und ein nicht allzu tiefes Erdreich sind optimale Lebensbedingungen für die Entwicklung des Baumes. Seine lederartigen Blätter schützen den Ölbaum vor den hohen sommerlichen Temperaturen und der Gefahr des Austrocknens. Trotzdem brauchen die Oliven die sommerliche Hitze des Mittelmeerraumes. Es bekäme ihnen schlecht, wenn die Entwicklung von der Blüte bis zur reifen Frucht in eine Phase von Niederschlägen und hoher Luftfeuchtigkeit fiele. Fäulnis, Pilzerkrankungen und eine mindere Qualität des Öls wären die Folge. Das bedeutet jedoch nicht, daß der Ölbaum im Sommer kein Wasser braucht. Eine Bewässerung des Bodens dankt er mit größeren Oliven und somit reicheren Erträgen. Frost und Schnee können dem Baum beinahe tödliche Schäden zufügen. Je saftreicher der Ölbaum dasteht, desto größer ist die Gefahr des Erfrierens. Man erinnert sich noch allzugut an den kalten Winter 1985 in der Toskana, in dem in der fruchtbaren Provinz Lucca rund 90 Prozent der Ölbaumbestände erfroren. Doch immer wieder erstaunt die ungeheure Lebenskraft, die den Ölbaum fast unsterblich macht. So bildet er ständig neue Triebe, auch wenn Stamm und Krone erfroren sind oder umgeschlagen wurden. Früher und auch noch heute, zum Beispiel 1980 bei Bitonto in der Provinz Bari, pflegte man zu Kriegszeiten oder bei privaten Fehden die Olivenbäume des Gegners umzuhauen, um ihm wirtschaftlich zu schaden. Denn der Ölbaum entwickelt sich nur langsam. Es dauert ungefähr sieben bis zehn Jahre, bis die erste größere Menge an Oliven geerntet werden kann.

Blühender Ölbaum bei Andria in Apulien

Alter Ölbaum bei Monopoli in Apulien mit Sproß

Auch die acht noch erhaltenen uralten Ölbäume im Garten Gethsemane (was Ölmühle bedeutet) zu Jerusalem verdanken ihr Leben der gewaltigen Wachstumskraft. Sie gehen sicherlich auf die Bäume zurück, unter denen einst Christus betete. Zu Recht sieht man im Ölbaum den Baum des Lebens, der als Paradiesbaum für Adam und Eva unzugänglich war, nachdem sie von dem anderen Baum, dem Baum der Erkenntnis (bei ihm soll es sich um den Feigenbaum gehandelt haben), gegessen hatten und aus dem Paradies vertrieben worden waren.

Der günstigste Boden für die Olivenkultur ist der Kalkboden, der im gesamten Mittelmeerraum vorherrscht. Daher findet man Olivenpflanzungen hauptsächlich auf den steinigen, oft terrassenförmigen Hängen der Küstengebiete. So in Apulien am Monte Gargano in bis über 800 m Höhe, in dem ebenso hoch gelegenen, jedoch weniger küstennahen Jerusalem und im Atlasgebirge von Marokko sogar bis zu einer Höhe von fast 1500 m. Auch in Ebenen, die weit ins Landesinnere reichen – wie in Spanien und Portugal –, sind ausgedehnte Olivenkulturen anzutreffen.

Die nördlichen Grenzen des Ölbaumes liegen in Frankreich im mittleren Rhonetal, in Italien an den südlichsten Ausläufern der Alpen, dem Gardasee und der Gegend von Triest, und in Griechenland am Golf von Thessaloniki und der Chalkidike. Südlich des Mittelmeeres wurde der Olivenbaum sogar in den Oasen der algerischen Sahara und im Süden Tunesiens bei Monastir und Sfax angebaut. In Unterägypten ist er in der Landschaft von Fajjum und Kairo beheimatet und in Saudi-Arabien treffen wir auf ihn in der Gegend von Mekka. Die Kanarischen Inseln im Westen sowie die Ostausläufer des iranischen Hochlandes bilden die übrigen Grenzen. Inzwischen ist der Ölbaum auch in Amerika, Südafrika, Australien, China und Japan heimisch. Während die Schwerpunkte der Ölbaumzucht heute im westlichen Teil des Mittel-

Ölbäume im Garten Gethsemane, Jerusalem

meerbeckens, in Spanien und Italien, liegen, waren sie im Altertum auf den östlichen Teil und den vorderen Orient konzentriert. Griechenland mit seinen Inseln, insbesondere Kreta, die West- und Südtürkei, Syrien und Israel sind die klassischen Länder des Olivenanbaus. Zwar werden dort immer noch beträchtliche Mengen an Öl erzeugt, aber eine Spitzenposition, wie vor 2000 bis 7000 Jahren, haben diese Länder heute nicht mehr inne.

Alles, was wir durch historische Überlieferungen, Dokumente, Funde und Ausgrabungen über Vorkommen, Ausbreitung und Kultivation des Ölbaumes wissen, verweist auf den Osten des Mittelmeerraumes als Ursprung und Heimat der Olivenkultur. Vorfahre oder Stammpflanze des Ölbaumes (*Olea europaea var. sativa*) soll der Oleaster (*Olea europaea var. silvestris)*, der wilde Ölbaum, sein. Seine oft vierkantigen Zweige mit kleinen, länglichen, harten Blättern enden in Dornen. Seine Oliven sind winzig, schmecken bitter und geben wenig Öl. Auf Zypern begegnet man gelegentlich noch diesem borstigen Gesellen. Teilweise ist er auch als Waldbaum anzutreffen, so z.B. auf Korfu. Auffallend ist auch die Form des Stammes, der wenig massiv erscheint, sondern eher einem Flechtwerk aus dicken Seilen gleicht. Am Monte Gargano in Apulien ziert er sogar noch als Strauch die hügelige Landschaft, was auch seine Zugehörigkeit zur Macchia beweist.

Der kultivierte Ölbaum besitzt runde und immer dornenlose Zweige, große lanzettförmige Blätter und erheblich größere Früchte mit hohem Ölgehalt. Nur durch sorgfältige Pflege, Zuchtwahl, Auspflanzen von Wurzeltrieben, Düngung, Beschneidung, Bewässerung und durch spätere Veredelung mittels Pfropfen, vermutet man, konnte aus dem Oleaster ein Ölbaum werden. Auch in zwei anderen wild wachsenden aber dornenlosen Ölbaumtypen in Strauch- und Baumform, die aus Palästina stammen, glaubte man die Stammpflanze des Ölbaumes zu erkennen. Dieser Theorie kommt die von dem italienischen Olivenforscher Morettini vertretene Ansicht, die als die allgemein herrschende angesehen werden kann, sehr nahe.

Stacheliger, wilder Ölbaum, Oleaster, auf Zypern

Stacheliger, wilder Olivensetzling, Oleaster, auf dem Monte Gargano in Apulien

Verwilderter Ölbaum auf Korfu

Sie besagt, daß der kultivierte Ölbaum wohl nicht vom Oleaster abstammt, sondern von verwandten Arten der Olea europaea, die wahrscheinlich im ostasiatischen Raum zu suchen seien. Erst im Laufe der Zeit seien diese Arten nach Europa gelangt, oder aber eingeführt worden, und unsere heutigen Arten seien durch sorgfältige Kultivierung aus ihnen entstanden.

Wird der Ölbaum nicht gepflegt, verkümmert er, seine Früchte werden kleiner, die Zweige wuchern aus, und er verwildert. Er entwickelt sich aber nicht zum dornenbesetzten Oleaster zurück. Damit bestätigt sich die Theorie Morettinis auf umgekehrte Weise. Das Verbreitungsgebiet des Oleasters ist fast identisch mit den historischen Grenzflächen des kultivierten Ölbaumes. Es erstreckt sich vom Pandschab, von Afghanistan, Persien, Kleinasien, Palästina über den gesamten Mittelmeerraum bis zu den Kanarischen Inseln und den Azoren.

Prähistorische Funde in Italien beweisen das Vorkommen der Stammpflanze des Ölbaumes bereits in der Tertiärzeit, also vor über einer Million Jahren. So fand man fossile Blätter in Mongardino bei Bologna; Olivenkerne entdeckte man in Wohnsiedlungen aus dem Jungpaläolithikum (ca. 35000-8000 v.Chr.) in Menton an der französischen Riviera, aus dem Neolithikum (ca. 8000-2700 v.Chr.) bei El Garcel in Spanien, aus der Bronzezeit (ca. 1500-1000 v.Chr.) am Gardasee und aus der Zeit um 5000 v.Chr. bei Torre Canne südlich von Bari. Die Funde in Torre Canne gelten zudem als erster wissenschaftlicher Beweis in Italien, daß der Mensch bereits vor 7000 Jahren Oliven als Nahrungsmittel benutzt hat. Fossile Funde aus der jüngeren Steinzeit belegen, daß der Oleaster – als Strauch versteht sich – in diesem Zeitraum bereits in ganz Südeuropa verbreitet war. Die Entwicklung der Menschheit ist also eng mit der Geschichte des Ölbaumes verknüpft. Er gehört zu den Kulturgütern und verdient unseren Schutz und unsere Pflege.

Oliven der Sorte Cima di Mola bei Monopoli in Apulien

Dort, wo die ersten Ölbaumkulturen gediehen

Handsteinpresse mit Olivenbrei,
ab 5000 v. Chr., Haifa, Ölmuseum

Als Heimat der Ölbaumkultur gelten heute zwei Gebiete des Mittelmeerraumes, die zu den Ursprüngen unserer Zivilisation zählen: Palästina und Syrien sowie die Insel Kreta. Funde von kleinen Handmörsern und -pressen aus der Umgebung von Haifa in Israel, die nun im dortigen Olivenmuseum aufbewahrt werden, lassen auf eine Olivenkultur und Ölgewinnung ab dem 5. Jahrtausend v. Chr. schließen. Diese Mörser und Pressen bestehen aus sehr grob zugehauenen Kalksteinblöcken und sind sehr unterschiedlich gearbeitet, wie die Abbildung aus dem Ölmuseum von Haifa zeigt, hat der Mörser eine große Vertiefung, in der die Oliven mittels eines länglichen runden Steines zerstampft und gewalzt werden. Der Olivenbrei wird dann in einen Kranz aus geflochtenen Olivenzweigen, der auf einem geglätteten Steinblock liegt, geschüttet. Schließlich wird alles mit Steinen beschwert. Der Kranz verhindert ein Verrutschen des Olivenbreies. Durch das Gewicht der Steine wird das Öl aus dem Brei gepreßt. Es sammelt sich in der ringförmigen Vertiefung, von wo es nach außen in ein Gefäß fließen kann.

Auch gibt es Geräte, die Mörser und Presse zugleich sind. In der größeren Vertiefung werden die Oliven zerstampft und dann mit Steinen beschwert. Das ausfließende Öl sammelt sich in der kleineren Mulde. Man holt es heraus und läßt es, da es noch viel Wasser enthält, in einem Gefäß ruhen. Das schwerere Wasser sinkt nach unten, und das leichtere Öl sammelt sich an seiner Oberfläche. Von hier kann man es leicht abschöpfen. Dieser Vorgang wird mehrmals wiederholt, bis das Öl rein genug erscheint.

Handsteinpresse mit Steingewichten,
ab 5000 v. Chr., Haifa, Ölmuseum

Anläßlich von Dreharbeiten des Bayerischen Fernsehens für eine Dokumentation über den Olivenbaum im Herbst 1985 hatte der Direktor des Museums der Shemen Industries in Haifa, Dr. D. Eitam, einige Kinder aus einem Kibbuz eingeladen, die sich mit großem Eifer um die Herstellung von Olivenöl bemühten und die alten Geräte zu neuem Leben erweckten.

Steinmörser für Oliven, ab 5000 v. Chr., Haifa, Ölmuseum

Mörser und Presse in einem Gerät, ab 5000 v. Chr., Haifa, Ölmuseum

Die Insel Kreta zählt zu den Urstätten menschlicher Kultur. Im Anschluß an die frühminoische Periode von ca. 3000 bis 2100 v. Chr., die als erste Blüte der Insel gilt, wurden etwa um 2000 v. Chr. die großen Palastanlagen von Knossos, Festós und Hagia Triada erbaut. Kreta erlebte die erste Hochblüte der minoischen Kultur. Diese wurde um 1800 oder 1700 v. Chr. durch ein Naturereignis, wahrscheinlich handelte es sich um ein Erdbeben, unterbrochen. Ganz Kreta war davon betroffen, und die Paläste wurden verwüstet. Der prachtvolle Wiederaufbau der zerstörten Anlagen führte zu einer zweiten Hochblüte der minoischen Kultur. Diese fand in der Zerstörung aller Paläste mit Ausnahme des von Knossos sowie der meisten Siedlungen um ca. 1500 oder 1450 v. Chr. ein abruptes Ende. Lange hat man hierfür die Eruption des Vulkans auf der 100 km nördlich von Kreta gelegenen Insel Santorin verantwortlich machen wollen. Die Spuren des vulkanischen Aschenregens, der bei der Eruption auf Ostkreta niederging, in archäologischen Siedlungsbefunden zeigen nun aber, daß sich die Eruption ca. ein Jahrhundert vor dem kretischen Zerstörungshorizont ereignete und daher wahrscheinlich in keinem ursächlichen Zusammenhang mit diesem gestanden haben kann. Für die Zerstörung der minoischen Paläste werden nun innere Auseinandersetzungen oder die kriegerische Eroberung durch Mykener vom griechischen Festland verantwortlich gemacht. Mykenische Griechen übernahmen in jedem Fall in der Folgezeit die Herrschaft über die Insel. Nach der griechischen Mythologie hat König Minos, Sohn des Zeus und der nach Kreta entführten Europa, mit seinen Brüdern Rhadamanthys und Sarpedon die Paläste von Knossos, Festós und Mália erbaut.

Die Herrscher und Bewohner der Paläste auf Kreta waren Priesterkönige. Ihr Reichtum gründete sich auf die Ölbäume und das gewonnene Olivenöl, das zum großen Teil als Speise- und als Salb- bzw. Duftöl nach Ägypten verkauft wurde. Entsprechend groß und zahlreich waren daher die auf der ganzen Insel angelegten Olivenhaine. Der Sage nach wohnte im Palast von Knossos Minotaurus, ein Wesen von menschlicher Gestalt mit dem Kopf eines Stieres, der aus einer Verbindung zwischen der Gemahlin des Königs Minos und einem Stier hervorgegangen war. In den labyrinthartigen Anlagen des Palastes fand man mehrere Lagerräume mit gewaltigen Tonkrügen, den sogenannten *Pithoi*. Zahlreiche Spuren von Verbrennungen an den Krügen und den viereckigen Aussparungen im Fußboden sind ein Indiz dafür, daß der Inhalt Öl war, das sich brennend aus den geplatzten Pithoi auf den Fußboden ergossen hatte. Pithoi von einer Höhe von bis zu zwei Metern fand man auch im Palast von Festós. In den dortigen Magazinräumen brachten Grabungen neben zahlreichen Tongefäßen zum Aufbewahren von Wein, Honig und Olivenöl auch Steinmörser und kleine primitive Handpressen sowie die Reste von größeren Ölpressen ans Tageslicht. Ölpressen wurden auch in den Palästen von Knossos und Zakro, in der Villa von Vathypetro und in der Siedlung von Palaikastro gefunden.

Bei der Presse in Vathypetro ist die Funktion der beiden Geräte aus Stein nicht völlig klar. Entweder zerquetschte und preßte man die Oliven auf dem flachen Stein und ließ das Öl in den runden Steintopf abtropfen, oder die Oliven wurden im Steintopf zerstampft und danach auf dem flachen Stein gepreßt. Von dort floß das Öl aus einer Abflußrinne in ein bereitgestelltes Tongefäß.

Landschaft mit Weinfeldern und Olivenhainen bei Festós auf Kreta

Palast von Knossos auf Kreta, 16.-14. Jh. v. Chr.

Olivenöllager im Palast von Knossos, 16.-14. Jh. v. Chr.

Wein- und Ölpresse in der Villa von Vathypetro auf Kreta,
17. oder 16. Jh. v. Chr.

Olivenpresse in der Villa von Vathypetro,
17. oder 16. Jh. v. Chr.

Magazinräume mit Steinmörsern und Handpressen im Palast von Festós auf Kreta, 16. oder 1. Hälfte des 15. Jhs. v. Chr.

Angeblich sollen in dieser Presse (S. 28 oben) nur Weintrauben gepreßt worden sein. Aber fast alle Pressen besaßen eine Mehrfachfunktion. So läßt das hier sichtbare System mit der tiefen Zulaufrinne, die von dem in der Ecke befindlichen Preßtisch zu dem flachen Steintrog nach vorne führt, auch auf eine Verwendung als Ölpresse schließen. Das Öl-Wasser-Gemisch tropfte von der Presse in die Rinne, wo das leichtere Öl in den Trog überlief und abgeschöpft werden konnte.

Inschriften auf Tontafeln berichten von Ölbäumen in Baumgärten, von Setzlingen, von Öl, das in großer Menge für Opfer-, Salb- und Speisezwecke verwendet wurde. Ein Teil der Tontafeln, die man im »Raum der Säulenbasen« im Palast von Knossos fand, stellt ein »Kontobuch« dar, worin die Palastverwaltung die Ein- und Ausgänge der Waren und des Olivenöls für die Ölmagazine festhielt. Man liest die Namen der Bestimmungsorte, wohin das Olivenöl gehen sollte, man entdeckt unter den Empfängern die Namen von Gottheiten, von kultischen Verbänden, wie zum Beispiel eines Priesterkollegs des Regengottes, sowie von Sakralbauten und heiligen Bezirken. Aber auch gewöhnliche Sterbliche wie Ziegenhirten, Schmiede oder Näher sind im »Kontobuch« als Kunden eingetragen. Man erfährt einiges über Zahlungs- bzw. Erstattungsarten, über frisches Öl minderer Qualität, das durch »Auskochen« der ausgepreßten Trestermasse in heißem Wasser gewonnen wird und das man als Tresteröl bezeichnet. Man unterscheidet zwischen Olivenölen für die Küche und solchen, die zu Salbölen weiterverarbeitet werden. Andere Tafeln enthalten Teile eines Ritualkalenders, worin Ölspenden für Kultstätten, so zum Beispiel für das Heiligtum des Daidalos in Knossos, für die Priester und für die Götter aufgezeichnet sind.

Unter den zahlreichen Wandmalereien, die sich in den minoischen Palästen von Kreta erhalten haben, sind auch solche mit Olivenbäumen. Die Fresken aus dem zweiten Palast von Knossos sind mit über 3 500 Jahren wohl die ältesten Darstellungen des Ölbaumes überhaupt. Auch in der hieroglyphischen Bilderschrift begegnet man dem Ölzweig: Auf einem Siegel aus Knossos weist die Paarung des Zeichens für Schiffe mit dem für Olivenzweige auf die Ausfuhr von Olivenöl nach Übersee hin.

Ölbaumfresko, 16. Jh. v. Chr., Iráklion, Kreta, Archäologisches Museum

Olivenöl war das wichtigste Erzeugnis sowie Verbrauchs- und Handelsprodukt der mittel- und spätminoischen Kultur auf Kreta. Während man das Speiseöl in mittelgroßen Pithoi und Amphoren transportierte, vielleicht auch in Schläuchen aus Ziegenfellen, wie es noch Anfang dieses Jahrhunderts in Griechenland üblich war (Lawrence Durrell beschreibt dies sehr anschaulich in seinem Buch *Schwarze Oliven*), wurden die kostbaren Salb- und Duftöle, die wohlriechenden Parfüms auf Olivenölbasis, in phantasievollen und reichverzierten Gefäßen angeboten. Unter ihnen waren auch die sogenannten Bügelkannen.

Wegen ihres kostbaren Inhalts wurden sie in fast alle Länder des Mittelmeerraumes verschickt, wo man sie heute in jedem archäologischen Museum bewundern kann. Man findet sie auch auf einem Wandfresko in einer der Magazinkammern des Pharaonengrabes von Ramses III. (1184-1153 v. Chr.) im Tal der Könige in Ägypten. Ein Beweis für die Hochschätzung des Olivenöls, auf das der Pharao auch im Reiche der Toten nicht verzichten wollte.

Die ersten Zeugnisse einer Olivenkultur in Ägypten gehen jedoch noch weiter zurück. Wir finden sie auf einem Garten- und Villenplan mit Baumgruppen von Tell-el-Amarna aus der Zeit der 18. Dynastie (1580 bis 1320 v. Chr.). Unter den Grabbeigaben des mit 19 Jahren verstorbenen Tut-ench-Amun (ca. 1325 v. Chr.) im Tal der Könige wurden Olivenblätter als Bandornament auf einem Silberbecher entdeckt. Ein Strauß und Kränze aus demselben Grab enthielten neben verschiedenen Blumen und Pflanzen auch Olivenzweige. Einer der Kränze, der sogenannte »Kranz der Rechtfertigung«, das Zeichen des bestandenen Jenseitsgerichts, lag ursprünglich über der Totenmaske des Königs. Die anderen Kränze waren Halskrägen, die während der Bestattung des Königs getragen worden waren. Sie bestanden aus Blüten und Olivenzweigen. Die Kränze werden heute im Ägyptischen Museum in Kairo aufbewahrt. Auch aus späteren Epochen fanden sich in Gräbern Toten- und Stirnkränze aus Olivenblättern und sogar Olivenkerne – ein Zeichen, daß auch die Früchte zu den Grabbeigaben zählten.

Mit Olivenöl salbte man die Verstorbenen und die Häupter der Mumien. Bei sakralen Kulthandlungen nahte man sich dem gesalbten Götterbild gleichfalls mit gesalbtem Haar, Gesicht und Füßen. Nur so war man rein und würdig. Olivenöl zählte auch zu den Opfergaben. Aus einem Dokument, dem sogenann-

Pilgerflasche, 16. oder 1. Hälfte des 15. Jhs. v. Chr., Iráklion, Kreta, Archäologisches Museum

Fresko mit Bügelkannen im Grab Ramses III,
um 1153 v. Chr., Luxor

Bügelkannen, 14. und 13. Jh. v. Chr., Iráklion, Kreta,
Archäologisches Museum

Relief mit Bildnis Ramses III. und Sonnenkönig Ra
im Grab Ramses III., um 1325 v. Chr., Luxor

Grab Tut-ench-Amuns,
um 1325 v. Chr., Luxor

Olivenölpresse, Medinet Habu,
wahrscheinlich Mitte des 12. Jhs v. Chr., Luxor

ten »Papyrus Harris I«, erfahren wir, daß Ramses III. für die Tempel 10 000 Aruren mit Olivenbäumen stiftete, was einer Gesamtfläche von rund 2 750 Hektar entspricht. In einer Stiftungsurkunde Ramses' III. an den Sonnengott Ra ist zu lesen:

Ich richtete dir Ölbaumpflanzungen
in deiner Stadt Heliopolis ein, ausgestattet mit
Gärtnern, vielen Leuten, die reines Öl herstellen,
erstklassiges aus Ägypten, um Lampen
in deinem heiligen Palast brennen zu lassen.

Heliopolis lag dort, wo sich heute die lärmenden Landebahnen des Kairoer Flughafens erstrecken. Aus einem Bericht von Strabon, dem griechischen Geographen (64 v. Chr.-19 n. Chr.), ist zu erfahren, daß es bei Fajjum und bei Alexandria im Nildelta Ölbaumpflanzungen gegeben hat. Und im 4. Jahrhundert v. Chr. weiß der griechische Naturwissenschaftler Theophrast (372-287 v. Chr.) auch von Olivenbaumbeständen in der Gegend von Theben zu berichten. Dies würde die Herkunft der Olivenzweige im Grab von Tut-ench-Amun klären, auch wenn wir in diesem Fall um 1 000 Jahre zurückrechnen müssen. Unmittelbar neben der rechten Fassadenecke des Tempels Medinet-Habu, den Ramses III. auf der Westseite des Nils bei Luxor/Theben bauen ließ, liegen im Wüstensand die sorgfältig gearbeiteten Teile einer Presse aus rotem Granit. In der ringförmigen Vertiefung mit einer Ablaufrinne sollte sich das Öl sammeln. Der runde Steintopf diente wohl auch eher zum Zerstampfen der Oliven als zum Auffangen des Öls. Die Halbkugel war vielleicht als Gewicht für den Preßvorgang gedacht.

Eingangstor des zweiten Pylon, Tempelpalast
Medinet Habu, 1153 v. Chr., Luxor

Im verheißenen Land

Auch im Alten Testament finden wir eine Vielzahl von Hinweisen auf Ölbaumkulturen, die belegen, daß man schon um 1000 v. Chr. mit der Ölgewinnung vertraut war. Im 1. Buch Mose, der Genesis, brachte die zweite Taube, die Noah zur Zeit der Sintflut aus der Arche hatte fliegen lassen, ein frisch gebrochenes Ölblatt, und für Noah war klar, daß nun das Wasser bis in die Region der Ölbäume abgesunken war. Diese Ölbaumregion suchte man gerne am Berg Ararat in der Osttürkei. Aber einige griechische Autoren, wie zum Beispiel der Philosoph Apollodoros von Athen (180 bis 110 v. Chr.), siedelten die Sintflutgeschichte auf der Akropolis in Athen an. Dort hatte die Göttin Athene einen Ölbaum gepflanzt und der Gott Poseidon einen Salzquell bzw. ein Salzmeer geschaffen. Im 5. Buch Mose, dem Deuteronomium, wird das den Israeliten verheißene Land, Palästina, als ein Land beschrieben, »da Weizen, Gerste, Weinstöcke, Feigenbäume und Granatäpfel…, Ölbäume und Honig innen wächst«. Dann ist die Rede von »Weinbergen und Ölbergen, die du nicht gepflanzt hast«, also von bereits bestehenden Kulturen (der Auszug der von Mose geführten Israeliten aus Ägypten erfolgte nach 1250 v. Chr.). Der Prophet Samuel droht dem Volk, daß ihm »die besten Äcker und Weinberge und Ölgärten« genommen würden. Auch Mose prophezeit den gegenüber Gott ungehorsamen Israeliten »Ölbäume wirst du haben in allen deinen Grenzen, aber du wirst dich nicht salben mit Öl, denn dein Ölbaum wird ausgerissen werden«. Mose spricht hier klar von der Verbreitung des Ölbaumes im ehemaligen Palästina-Raum.

Akropolishügel mit Parthenon-Tempel,
Mitte des 5. Jhs v. Chr.

In der Tat ist der Ölbaum im heutigen Israel, in Syrien und auch im Libanon überall verbreitet. So erstrecken sich große Olivenhaine zwischen Beirut, Damaskus und Aleppo bis an die türkische Grenze. Ebenso in Obergaliläa, an den Hängen des Karmel bei Haifa, in den Erhebungen bei Nablus in Samaria, in Judäa, am Ölberg zu Jerusalem, im Gebiet von Askalon, Gaza, wo das Volk der Philister heimisch war, und bei Jaffa. An anderer Stelle im Alten Testament ist vom Öl, vom Keltern und von den Mühlen die Rede. So besteht bei dem Propheten Joel die Strafe Gottes darin, daß »das Getreide verdorben, der Wein jämmerlich stehe und das Öl kläglich sei«. Aber bei wahrer Buße wird der Herr »euch Getreide, Most und Öl in Fülle schicken, daß ihr genug daran haben sollt« und »daß die Tennen voll Korn und die Keltern Überfluß vom Most und Öl haben sollen«. Auch in den düsteren Prophezeiungen des Propheten Micha wird vom Keltern des Öls gesprochen, und bei Hiob heißt es: »Gleich in den Gärten pressen sie Öl, sie treten die Kelter und leiden doch Durst.« Die Propheten Joel und Amos warnen sogar vor den Schäden, die »die Raupen, Heuschrekken, Käfer und das Geschmeiß« auch an den Olivenbäumen anrichten können.

Die Tatsache, daß in den Prophezeiungen der Strafen Gottes immer wieder der Olivenbaum auftaucht und dem israelischen Volk schlechte Ernteerträge angedroht werden, zeigt, welch enorme Bedeutung dieser Baum für die Ernährung besaß. Im Buch der Richter ist sogar davon die Rede, daß der Olivenbaum zum König der Bäume gewählt werden sollte:

Die Bäume gingen hin, daß sie einen König über sich salbeten, und sprachen zum Ölbaum:
Sei unser König! Aber der Ölbaum antwortete ihnen: Soll ich meine Fettigkeit lassen, die beide, Götter und Menschen an mir preisen, und hingehen, daß ich schwebe über den Bäumen?

Er lehnte also ab. Ebenso der Feigenbaum und der Weinstock. Der nicht allzuhoch im Kurs stehende Dornbusch schließlich stimmte seiner Wahl zum König über die Bäume zu.

Daß Olivenöl auch als bedeutende Handelsware galt, für die man im Tauschhandel mit anderen Staaten wertvolle Güter erwerben konnte, bezeugt der Prophet Hesekiel. Im zweiten Buch der Chronik bezahlt König Salomon die Zimmerleute aus Tyrus, die am Tempel von Jerusalem arbeiten unter anderen mit 20 000 Bath Öl. Daß die Könige Israels Olivenhaine und Ölmagazine besaßen, wird ebenfalls in der Chronik bezeugt. Aus ihr erfahren wir, daß König David Amtsleute »über Ölgärten« und »über den Ölschatz« einsetzte.

In den Jahren 1981/82 und 84 fanden israelische und amerikanische Archäologen unter der Leitung von David Eitam unweit von Tel Aviv in Tel Mique-Akron die Überreste einer gewaltigen Ölindustrieanlage mit fast 100 Mühlen und Pressen, die von den Philistern angelegt worden war. Von ihnen, die vermutlich indogermanischer Abstammung sind, wissen wir, daß sie sich nach dem Seevölkersturm gegen Ägypten (zur Zeit des Pharaonenkönigs Ramses III., 1184-1153 v. Chr.) in den Küstenebenen des nach ihnen benannten Palästina niedergelassen hatten. Dort legten sie riesige Olivenhaine und Ölmühlen an. Das gewonnene Öl exportierten sie als Speise- und als Lampenöl, aber insbesondere als Duftöl zum Salben und Einreiben des Körpers. Man schätzt, daß in den Ölmühlanlagen von Tel Mique-Akron jährlich zwischen 1000 und 3000 Tonnen Olivenöl hergestellt wurden. Hauptabnehmer war Ägypten, das selbst keine so großen Olivenanbaugebiete besaß, um den Eigenbedarf decken zu können.

Olivenölpresse, um 1000 v. Chr., Tel Mique-Akron, Israel

Auf der Abbildung sehen wir drei Steintröge, wovon die beiden äußeren Preßtische darstellen, auf denen mittels eines Preßbalkens, der in der ehemals vorhandenen Gebäudemauer (vgl. mit Presse auf S. 96) eingelassen war, übereinandergestapelte und mit Olivenbrei gefüllte Preßmatten zerdrückt wurden. Das heraustropfende Öl-Wasser-Gemisch sammelte sich im Innern der Preßtische, von wo es dann abgeschöpft werden mußte. In dem mittleren rechteckigen Steintrog wurden mit kleinen Steinwalzen die Oliven zerstampft bevor sie in die beiden Pressen kamen.

Auf den Spuren Homers

Griechenland ist eines der Länder des Mittelmeerraumes, dessen historische Wurzeln besonders weit in die Vergangenheit zurückreichen und in dem auch der Olivenbaum auf eine lange Geschichte zurückblicken kann. Machen wir uns daher auf die Suche nach seiner Vergangenheit, die aufs engste mit den Mythen des Landes verbunden ist. Eine kurze Reise entlang der Küsten gibt uns Aufschluß über das fast heilige Bündnis zwischen Hellas und dem Ölbaum.

Als Heinrich Schliemann 1876 zum ersten Spatenstich im Erdreich von Mykene in der Landschaft Argolis ansetzte, der Stadt, in der man den Ursprung der ägäischen Zivilisation sieht, gab es für ihn nichts Schöneres in all dieser Pracht einer königlichen Residenz, als einige wenige Olivenkerne und eine größere Anzahl von Öllampen, bei denen schwache Ölspuren an den Glanz und die Wärme erinnerten, die sie einst verbreitet hatten. Ähnliche Funde machte man 1884/85 in Tiryns, der ältesten Burg Europas, die wie Mykene in der Landschaft Argolis gelegen ist. Bei weiteren Ausgrabungen in einer Siedlung am Fuße der Burg von Mykene entdeckte man zudem im Haus eines Ölhändlers dreißig verschlossene und versiegelte Kannen sowie elf Pithoi aus dem 14. und 13. Jahrhundert v. Chr.. Einige Tontafeln, die in Mykene erst 1954 im sogenannten »Haus der Sphingen« entdeckt wurden, enthalten eine ausführliche Liste über die Aromata für die Öl- bzw. Salbenfabrikation. So verwendete man Fenchel, Kümmel, Sesam, Carthamus, Sellerie, Kresse, Koriander und Minze, außerdem Salbei, Rosen und Zyperngras.

In Pylos brachten Ausgrabungen (1954-56) 51 Tontafeln mit Olivenöltabellen ans Tageslicht. Unter anderem enthielten sie Angaben über die Empfänger und die Bestimmungsorte der Ölsendungen, qualitative Einstufungen des Öls sowie Informationen über die Menge des produzierten Salböls. Schließlich werden die verschiedenen Sorten des Salböls, die Herstellungsmethoden und auch die Zusammensetzung und Verwendung genau erläutert. Die meisten Tontafeln waren mit der bekannten Linear B-Schrift versehen, die erst kurz zuvor entziffert worden war. Es stellte sich heraus, daß alle Linear B-Texte von Mykene und Knossos in griechischer Sprache abgefaßt waren. Durch diese Funde war somit erwiesen, daß der Olivenbaum und seine Nutzung bereits in mykenischer Zeit (ca. 1500-1100 v. Chr.) bekannt war. Und als später das indogermanische Volk der Griechen vom Norden in den Peleponnes vordrang, war die Olivenbaumkultur dort längst heimisch geworden.

Mit den Ausgrabungen in Mykene, in Tiryns und besonders in Troja hatte Schliemann die bis dahin noch völlig unbekannte Kultur des zweiten Jahrtausends v. Chr. erschlossen. Homers *Ilias* und *Odyssee* waren nicht mehr nur reine Legenden, sondern Wirklichkeit und Teil der griechischen Geschichte. In beiden Werken nimmt der Olivenbaum eine besondere Stellung ein. Homer erwähnt ihn und sein Öl so häufig, daß man davon ausgehen muß, daß es zu seinen Lebzeiten eine weitverbreitete und umfangreiche Ölbaumkultur

Ostmauer mit Wehrturm, Troja VI., um 1800-1300 v. Chr.

gab. Für die epischen Helden ist der Ölbaum in bedrohlichen Situationen oft ein Freund und Helfer. Homer läßt sie Aufschlußreiches von ihm berichten: Als Odysseus nach dem Untergang seines Schiffes ans Ufer der Phaiakeninsel (Korfu) gespült wird, sucht er ein Versteck im Wald: »Er fand ihn nahe dem Wasser ringsum frei und kroch dort unter wurzelgeeintes Doppelgesträuch, ein Ölbaum mit einem Oleaster verwachsen.« Thassilo von Scheffer hatte in seiner

Übersetzung der *Odyssee* den Oleaster irrtümlich als Linde bezeichnet. Später beim Durchschreiten des Palastes des Phaiakenkönigs Alkinoos, in Begleitung der schönen Königstochter Nausikaa, die ihn am Strande gefunden hatte, bemerkt Odysseus staunend über all die Pracht auch einen Garten mit herrlich großen Bäumen und unter ihnen »frische, grüne Oliven«.

An anderer Stelle schildert Odysseus auf treffliche Art und Weise den Ölbaum, aus dem er sein Ehebett gezimmert hatte: Odysseus, nach 20 Jahren Abwesenheit endlich nach Hause zurückgekehrt, wird von seiner Gemahlin Penelopeia, die seine Rückkehr noch gar nicht so recht begreift, auf die Probe gestellt. Um festzustellen, ob er wirklich ihr Gemahl ist, greift sie zu einer List:

»Seltsamer Mann, ich hege ja nicht Verachtung noch Hochmut,
Noch bewältigt mich Staunen. Sehr gut noch kenn ich dein Aussehn,
Als dich die langen Ruder des Schiffes aus Ithaka trugen.
Eurikleia, bereite ihm denn sein stattliches Lager
Außerhalb des festen Gemachs, das er selber gefertigt.
Stellt ihm das feste Lager heraus, belegt es mit Decken
Und mit Fellen und Tüchern und hellem, schimmerndem Linnen.«
Also befahl sie, den Gatten zu prüfen. Aber Odysseus
Wandte sich zornerglüht zur treuen Gattin und sagte:
»Weib, wahrhaftig, da sagst du mir gar bittere Kränkung.
Wer denn stellte mein Bett mir anders? Selbst wer es verstände,
Täte es nur mit Müh; ihm müßte denn einer der Götter
Nahen, um leicht das Lager an anderer Stelle zu bringen.
Doch von den lebenden Menschen nicht einer, so stark er auch wäre,
Hübe es leicht hinweg, denn ein gewaltiges Zeichen
Trägt das künstliche Bett. Ich und kein anderer schuf es
Mühsam. Es beblättert im Hofe ein schattiger Ölbaum,
Kräftig und voll, es glich sein Stamm einer mächtigen Säule.
Um ihn baute ich ein Gemach, bis alles vollendet,
Ganz aus festem Gestein und oben mit sicherer Dachung.
Dichte Türen fügte ich ein, gar trefflich gezimmert;
Dann aber hieb ich dem Ölbaum die schattige Krone herunter,
Und beschnitt den Stamm von der Wurzel aus, glättete trefflich
Alles mit dem Erz und maß ihn rings mit der Richtschnur
Künstlich zum Pfosten am Bett, dann nahm ich zu allem den Bohrer.
Zierte es noch mit Gold, mit Elfenbein und mit Silber,
Innen spannte ich purpurn gefärbte, lederne Gurte.
So! Dies Zeichen geb ich dir kund. Doch kann ich nicht wissen,
Weib, ob fest mein Bett noch dasteht oder ein andrer
Unten den Ölbaum abhieb, um anders mein Lager zu stellen.«
Sprachs. Da bebte der Fürstin das Herz, ihr wankten die Kniee,
Da sie das Zeichen erkannte, das er so sicher ihr sagte.

Wie man sieht, kann ein von Eheleuten geteiltes Geheimnis um ein Bett sogar eine Ehe retten. Das von Odysseus beschriebene Ehelager muß schon aus einem gar gewaltigen Olivenbaum geschnitten worden sein. Etwas ungläubig beginnt man in dem Olivenhain, in dem man sich vielleicht gerade befinden mag, nach einem geeigneten Baum zu suchen. Aber die meisten Ölbäume sind zu jung und daher nicht groß genug. Anders verhält es sich in den alten Olivenhainen bei Monopoli, südlich von Bari in Apulien. Hier stößt man auf den einen oder anderen Baumriesen, eher mystisches Wesen als erdverbundener Baum mit Wurzel, Stamm und Krone, aus dem Odysseus sein sagenhaftes Lager geschnitzt haben könnte.

In der *Ilias* deutet Homer in einem Gleichnis sogar die Aufzucht von Ölbäumen an: Im Kampf um Troja war es zum Zweikampf zwischen Menelaos, dem König von Sparta und Gemahl der von den Trojanern geraubten Helena, und dem für Troja kämpfenden Euphorbos gekommen. Die Art, wie Menelaos Euphorbos mit seiner Lanze niederstreckt, vergleicht Homer mit dem Entwurzeln eines jungen Ölbaumes:

Und durch den blühenden Nacken hindurch drang bohrend die Spitze.
Dröhnend stürzte er nieder, und um ihn klirrte die Rüstung,
Blut benetzte sein Haar, das schön wie das der Chariten,
Und die lockigen Flechten, mit Gold und Silber durchwunden.
Schön wie der Gärtner den Schoß des blühend sprossenden Ölbaumes
Pflegt in entlegener Stille bei reichlich sprudelndem Wasser,
Wo er herrlich gedeiht und rings vom Hauche der Winde
Leise umkost in der schwellenden Pracht helleuchtender Blüten;
Aber da naht ein plötzlicher Wind mit brausendem Wirbel,
Reißt ihn vom Grunde heraus und streckt ihn nieder zur Erde.
Also warf den Euphorbos, den panthoidischen Helden,
Menelaos, der Sohn des Atreus, und packte die Rüstung.

Homer schildert hier eine ganz bestimmte Aufzuchtmethode, die zu seiner Zeit bekannt war. Mit »Schoß« ist zweifelsfrei ein Schößling bzw. ein Setzling eines Ölbaumes gemeint, den ein Gärtner gepflanzt und aufgezogen hat. Nichts spricht gegen Homers Olivenbaum-Gleichnis. Rechnen wir einmal nach: Die *Odyssee* entstand etwa um 600 v. Chr. Die Zerstörung Trojas, an der Odysseus teilnahm, wird zwischen 1194 bis 1184 v. Chr. datiert. Ein Ölbaum der von Odysseus beschriebenen Größenordnung wäre mindestens 500 Jahre alt gewesen und müßte so seine Wurzeln in der Mitte des 2. Jahrtausends v. Chr. ins Erdreich gegraben haben. Das wäre zeitgleich mit den Anfängen der mykenischen Epoche, aus der die oben erwähnten Ausgrabungen und Olivenfunde stammen.

Zu Homers Zeiten verarbeitete man das Holz des Olivenbaums bereits zu Werkzeugen und Waffen. So erfahren wir, wiederum von Homer, daß der Stiel der Steitaxt des Menelaos aus Olivenholz war. Ebenso der Stiel der Axt, die die Nymphe Kalypso Odysseus schenkte, damit er mit ihr ein Floß für die Heimreise zimmerte. Und auch die riesige Keule des Kyklopen, der Odysseus mit seinen Gefährten in der Höhle gefangenhielt, stammte von einem Ölbaum:

Neben der Hürde lag des Kyklopen riesige Keule,
Von einem Ölbaum frisch gehauen; er wollte sie tragen,
Wenn sie dürr genug. Uns aber deuchte ihr Anblick
Mächtig, als wäre es der Mast eines zwanzigrudrigen, dunklen
Breitbelasteten Schiffes, das über die Wogen dahineilt,
So gewaltig war die Länge und Dicke zu schauen,
Davon hieb ein Stück ich ab, so lang wie ein Klafter,
Reichte es den Gefährten und hieß sie es schaben und glätten,
Und die machten es eben, ich aber spitzte das Ende.
Dann ergriff ich den Pfahl und glühte ihn drehend im Feuer…
Als der Ölbaumpfahl nun trotz der saftigen Frische
Feuer zu fangen begann und rings schon glühte und flammte,
Trug ich ihn vom Feuer nah an den Riesen, und ringsum
Standen die Helfer. Ein Gott ermutigte unsere Seelen.
Und sie ergriffen den Ölbaumpfahl und trieben die Spitze
Dem Kyklopen ins Auge.

Olivenbaum, bei Monopoli in Apulien, 500-700 Jahre alt

Natürlich war auch die Keule des Herakles, so schildert es Pausanias in seiner *Beschreibung Griechenlands*, die um 150 v. Chr. entstand, aus dem Holz eines wilden Ölbaumes, des Oleasters. Als Herakles sie in Argos an eine Statue lehnte, soll sie wieder in der Erde angewachsen sein und gegrünt haben.

Römisches Gymnasium, Troja

Von Homer erfahren wir schließlich, zu welchen Zwecken Olivenöl damals verwendet wurde. Danach scheint es seinen Helden vorrangig als Salböl und zur Körperpflege gedient zu haben. So wurde Odysseus während seines Aufenthaltes bei der Zauberin Kirke von einer Maid gebadet, und es wurde ihm Öl zur Salbung angeboten. Das gleiche widerfuhr ihm am Meeresstrand, als er der schönen Nausikaa und ihren Gespielinnen begegnete. Er wusch und salbte sich mit dem »geschmeidigen Öl«, das Nausikaas Mutter ihrer Tochter in einer goldenen Flasche mitgegeben hatte. Und bei seiner Ankunft zu Hause war es die greise Dienerin Eurikleia, die ihm bei einer ergreifenden Wiedererkennungsszene die Füße wusch und salbte. Gebadet und gesalbt wurde Odysseus auch nachdem er sich seiner Gattin Penelopeia zu erkennen gegeben hatte. Homer versäumt es nicht, auf das anschließend vorteilhafte Aussehen seines Helden hinzuweisen, das er geschickt auf das Einwirken der Göttin Athene, der Hüterin des Ölbaumes, zurückführt, also indirekt auf das Salböl, obwohl dieses damals jedes Haar zum Glänzen brachte, denn so erforderten es Anstand, Sitte und Schönheitssinn:

Aber den hochgesinnten Odysseus im eigenen Hause
Badete nun Eurynome gleich und salbte ihn sorglich
Und bekleidete ihn mit einem Mantel und Leibrock.
Auf sein Haupt goß Pallas Athene Schönheit die Fülle,
Wandelte stolzer und voller den Wuchs und ließ ihm die Locken
Niederrieseln vom Haupt wie der Lilien wellige Blüten;
Wie ein kundiger Mann das Silber mit goldenen Säumen
Rings umgießt, wenn Hephaistos und Pallas Athene ihn lehrten,
Schöne, gefällige Werke mit mancherlei Kunst zu vollenden:
So umgoß mit Glanz ihm Haupt und Schultern Athene.
Aus der Wanne stieg er ähnlich einem der Götter.

Sinnigerweise hatte Homer diesen Reinigungs- und Salbungsakt der Schilderung des ehelichen Olivenbaumlagers unmittelbar vorangestellt, was wiederum auf die Gepflogenheiten der Griechen hindeutet, vor dem Liebesspiel eine gründliche Körperpflege vorzunehmen. Sogar Tiere wurden in den Kult der Körper- und Schönheitspflege mit einbezogen. So erfahren wir voll Verwunderung, daß Pferde vor Wagenrennen »oft gebadet im schimmernden Wasser und ihnen dann mit flüssigem Öl gesalbt [wurden] die wallenden Mähnen.« Ausdruck der hohen Wertschätzung des Olivenöls vor mehr als 2 500 Jahren ist eine überlieferte Äußerung des Philosophen Demokritos von Abdera, der im 5. Jahrhundert v. Chr. lebte und über 100 Jahre alt wurde. Nach den Gründen für sein langes Leben befragt, pflegte er zu antworten: »Innerlich Honig und äußerlich Öl.« Olivenöl war also neben Honig schon damals ein Garant für Kraft und Jugend. Homer kannte auch bereits die Salbung der Toten. So beschreibt er, wie Achilleus seinen getöteten Gegner Hektor von den Mägden mit Öl salben und waschen läßt, und wie er anordnet, daß seinem toten Kampfgefährten Patroklos Krüge mit Honig und Öl ins Grab mitgegeben werden sollen.

Olivenöl diente den Griechen auch zur Beleuchtung ihrer Häuser und Tempel. Daher haben sich auch so viele Öllampen bis heute erhalten. In den Tempeln brannte zudem vor den Statuen der Gottheiten oft ein ewiges Licht. Homer erwähnt in der *Odyssee* einen goldenen Leuchter, den Pallas Athene dem Odysseus im Saale seines Palastes vorantrug, und der einen so strahlenden Schimmer verbreitete, daß dies dem staunenden Telemachos wie ein mächtiges Wunder erschien. Homer spielt hier auf diesen griechischen Tempelkult an, der eine Öllampe vor dem Standbild der Athene vorsah. Von Pausanias erfahren wir sogar, daß der Bildhauer Kallimachos Ende des 5. Jahrhunderts v. Chr. eigens eine goldene Lampe für das Standbild der Göttin Athene im Erechtheion auf der Akropolis angefertigt hatte. Sie wurde nur einmal im Jahr mit Öl gefüllt und brannte Tag und Nacht ein ganzes Jahr lang. Natürlich handelte es sich um Olivenöl; als Schutzherrin des Ölbaumes stand Athene auch nur solches zu.

Auch über den Zusammenhang zwischen Olivenöl und Textilien weiß Homer zu berichten. So ist in der *Odyssee* von der Appretur feiner Linnenkleider die Rede. Während Odysseus von Nausikaa in den Palast zu ihrem Vater, dem König Alkinoos geleitet wird, beobachtet er die Frauen am Webstuhl und sieht, daß »feuchtes Öl von dichtgeketteten Linnen herabfließt«. Erstaunlicherweise schreibt Homer viel über die Verwendung des Olivenöls in der Körperpflege und für andere Zwecke; über seine Verwendung als Nahrungsmittel schweigt er sich jedoch völlig aus. Bleibt die Frage, ob Olivenöl zu Homers Zeiten für Speisezwecke uninteressant, nicht erwähnenswert oder selbstverständlich war.

Die Göttin Athene und der Ölbaum

Athen, Hauptstadt von Hellas, Herz und Zentrum intellektueller und politischer Kräfte, ist unlösbar mit seiner Schutzherrin, der Göttin Athena glaukopis, der Eulenäugigen, verbunden. Athene gilt als Entdeckerin und Stifterin des Ölbaumes, dessen Blätter die Dichter wegen ihrer grauen bis meeresgrünen Farbe mit den Augen der Göttin verglichen. Für die Griechen war das Öl der Oliven die Quelle des Lichtes, und das Licht hielten sie für ein Symbol der Verständigung. Die Sage erzählt, daß Poseidon, der Gott des Meeres, und Athene, die Göttin der Weisheit, um die Herrschaft in Attika, dem späteren Land der Athener, stritten. Kekrops, der sagenumwobene erste König von Athen (421-406 v. Chr.), ein aus der Erde geborenes Urwesen, halb Mensch, halb Schlange, sollte den Streit entscheiden. Er bestimmte, daß derjenige Sieger werden sollte, der den Bewohnern von Attika das nützlichere und wertvollere Geschenk machen würde. Poseidon spaltete darauf mit seinem Dreizack den Felsen auf der Akropolis, auf dem später das Erechtheion errichtet wurde. Sogleich sprudelte eine salzhaltige Quelle hervor, und es bildete sich ein Meer. Auch soll dabei das erste Pferd, das noch schneller war als der Wind, aus dem Boden gesprungen sein. Athene hingegen pflanzte einen Olivenbaum – den ersten. Ihr sprach Kekrops den Sieg zu. Denn der Olivenbaum sollte viele hundert Jahre alt werden. Auch sollte er Früchte tragen; sie waren eßbar und lieferten auch einen gar wundersamen Saft, das Olivenöl. Dieses könnten die Menschen zur Zubereitung ihrer Speisen, zur Pflege des Körpers, zur Heilung von Wunden und Krankheiten und außerdem als ständig brennende Lichtquelle in ihren Wohnungen verwenden.

Parthenontempel auf der Akropolis, Westseite, Mitte des 5. Jhs v. Chr.

Das Erechtheion, Heiligtum der Stadthüterin Athene und des Gottes der Meere, Poseidon, bewahrte beide Zeichen der göttlichen Macht: den Olivenbaum und den Salzquell. Auch befand sich dort ein Altar des attischen Stammvaters Erechtheus und das Grab des sagenhaften Königs Kekrops. Der Wettstreit zwischen Athene und Poseidon war bei den Griechen ein so populäres Motiv, daß es häufig auf Vasen und Reliefs dargestellt wurde. Die wohl bedeutendste Darstellung befand sich einst auf dem Westgiebel des Parthenon. Sie stammt von keinem Geringeren als dem Bildhauer Phidias, der dieses unsterbliche Werk zwischen 447 und 438 v. Chr. schuf. Nur fiel hier nicht Kekrops die Rolle des Schiedsrichters zu, sondern Zeus und

Wettkampf zwischen Athene und Poseidon. Rekonstruktion des Parthenon-Westgiebels, Athen, Akropolis Museum

dem Rat der Götter. Schließlich »regierte« und »lebte« Kekrops zeitlich nach Phidias. Der Parthenon war der Tempel der jungfräulichen Göttin Athene und enthielt ihr Standbild sowie zahlreiche Figurenreliefs, auf denen die Göttin ebenfalls abgebildet war. Von den Skulpturen des Westgiebels haben sich nur wenige erhalten. Ein Teil von ihnen wird im Britischen Museum in London, ein anderer im Museum auf der Akropolis aufbewahrt. Dank einer Zeichnung des Engländers Jacques Carrey, der bei seinem Besuch in Athen im Jahre 1674 noch einen Großteil der Figuren am Giebel vorfand, war eine Rekonstruktion möglich. Eine der denkbaren Varianten befindet sich im Akropolis-Museum in Athen. Man erkennt Athene und Poseidon sowie den Olivenbaum in der Mitte. Auch Ovid interessierte sich für den Streit der beiden Götter und hielt ihn in Versen fest:

Auf der cecropischen Burg stellt Pallas den Felsen des Mavors
Dar und aus früherer Zeit den Streit um den Namen des Landes.
Harrend in würdigem Ernst auf erhöhten Sesseln, inmitten
Jupiter, sitzen die zwölf Unsterblichen. Jeden der Götter
Zeichnet besondre Gestalt. Hochherrlich ist Jupiters Aussehn.
Stehend erscheint der Beherrscher des Meeres, und mit mächtigem Dreizack
Stößt er auf rauhes Gestein und lockt aus der Wunde des Felsens
Springende Flut, durch solchen Beweis die Stadt zu gewinnen.
Doch sich gibt sie den Schild und mit schneidender Spitze die Lanze
Und auf dem Haupte den Helm; die Brust ist beschützt von der Ägis.
Dar dann stellt sie im Bild, wie getroffen von ihr mit dem Speere
Zeugte das Land samt Beeren den Schoß des grau-lichen Ölbaums
Und wie die Götter gestaunt. Ihr Sieg ist das Ende der Arbeit.

Ein Kelchkrater aus Sizilien, um 400 v. Chr. zeigt uns eine Szene nach dem Streit. Athene mit Speer und Omphalosschale steht neben ihrem heiligen Ölbaum. Vor dem Baum erkennt man in den Boden gesteckte Olivenzweige, oder vielleicht auch Setzlinge, die einen geweihten Raum abgrenzen. Innerhalb dieses Raums steht ein von einem Tuch verhüllter Korb. Im Korb liegt der erdgeborene Erichthonios, Sohn von Hephaistos, Gott der Feuer- und Schmiedekunst. Links davon befindet sich der mit Olivenzweigen bekränzte Kekrops mit Omphalosschale in der Rechten und einem auf Olivenzweigen gebettetem Lamm in der Linken. Kekrops und Athene bringen dem neugeborenen Erichthonios ein Opfer. Über dem Olivenbaum eine Nike, die Athene mit Ölzweigen den über Poseidon errungenen Sieg zuspricht. Dieser ruht in der unteren Zone auf einer Kline. Auch er ist mit Olivenzweigen bekränzt. Mit Hilfe von Speisen und Ge-

Szene nach dem Streit
zwischen Athene und Poseidon.
Sizilianischer Kelchkrater, um 400 v. Chr.,
Fulda, Schloßfasanerie

tränken, die von einem geflügelten Wesen auf einem Tablett gereicht werden, soll der unterlegene Gott versöhnt werden. Ihm gegenüber thront Zeus mit einem Olivenkranz auf dem Haupt. Über Poseidon sieht man eine auf einer Säule sitzende Gehilfin von Athene. Sie verwahrt deren Helm und Schild, der mit einem Gorgoneion – dem Medusenhaupt – und Olivenzweigen verziert ist. Das Haar des Mädchens ist mit Olivenzweigen geschmückt.

Ein westlich neben dem Erechtheion im Pandrosbezirk stehender Ölbaum wurde 1917 neu gepflanzt. Er gilt als legitimer Nachfolger des von Athene gepflanzten Baumes, von dem man sich erzählt, er sei verbrannt, als die Perser die Stadt Athen einäscherten; noch am selben Tag sei er wieder zwei Ellen hoch aufgeschossen. Pausanias kannte ihn noch und zählte ihn zu den ältesten Bäumen Griechenlands. Theseus,

Erechtheion, Mitte des 5. Jhs v. Chr., mit Ölbaum. Athen, Akropolis

sagenhafter Gründer und Held Athens, soll, so erzählt die Sage, von dem Baum der Athene einen mit Wolle umwickelten Zweig gebrochen haben, um ihn vor seiner Fahrt nach Kreta, wo er den Minotauros im Labyrinth des Palastes von Knossos besiegen wollte, Apollo zu opfern. Zwölf Ableger dieses Baumes wurden in der Athenischen Akademie gepflanzt. Sie standen dort bis zum Jahr 86 v. Chr., als der Oberbefehlshaber der römischen Truppen und spätere Diktator Lucius Cornelius Sulla (138-78 v. Chr.) sie bis auf einen für die Errichtung von Belagerungsmaschinen umhauen ließ. Die Bäume waren durch einen Fluch geschützt und galten als heilig. Ihre Zerstörung wurde als ein todeswürdiges Verbrechen geahndet. Eine zweite Gruppe von Ölbäumen ließ Solon, der Dichter, Politiker, Gesetzgeber und Archon, einer der neun gleichzeitigen Herrscher von Athen (640-561 v. Chr.), pflanzen. Durch seine Gesetzgebung von 594 v. Chr., in der auch der Olivenanbau begünstigt wurde, hatte er sich einen Namen gemacht. Diese Bäume standen unter dem Schutz des Zeus. Die Sage berichtet, daß Halirrhothios, Sohn des Poseidon, die Niederlage seines Vaters im Streit mit Athene rächen und diese Bäume fällen wollte. Aber die Axt glitt aus und tötete ihn. Nach einer anderen Version soll ihn der Blitzstrahl des Zeus getroffen haben. Das Fällen von Ölbäumen war nur erlaubt für einen Altarbau oder für den eigenen Bedarf, dann durften es aber höchstens zwei Bäume im Jahr sein. Diese Bestimmungen, die Solon erlassen hatte, galten in ganz Attika. Herodot berichtet von folgender Begebenheit:

In Epidauros wollte das Land keine Früchte hervorbringen. Die Epidaurier fragten, um der Not zu steuern, bei dem Orakel in Delphi an. Die Pythia, Priesterin Apolls, antwortete, sie sollten den Fruchtbarkeitsgöttinnen Damia und Auxesia neue Standbilder errichten, dann würde es ihnen besser ergehen. Die Epidaurier fragten weiter, ob die Standbilder aus Erz oder aus Stein sein sollten.

Die Pythia wollte weder das eine noch das andere; aus dem Holz eines gepflanzten Ölbaumes sollten sie sein. Nun baten die Epidaurier die Athener, einen ihrer Ölbäume fällen zu dürfen, denn sie hielten die athenischen Ölbäume für die heiligsten. Auch heißt es, daß es damals nirgends sonst Ölbäume gab als in Athen. Die Athener erklärten sich unter der Bedingung bereit, daß die Epidaurier der Athena Polias und dem Erechtheus jährliche Opfer entrichteten. Die Epidaurier willigten ein, erhielten, was sie wünschten, und stellten die aus den Ölbäumen geschnitzten Standbilder auf. Da trug ihr Land wieder Früchte, und sie erfüllten, was sie den Athenern versprochen hatten.

Panathenaische Preisamphore, um 480 v.Chr.,
Tarent, Museo Nazionale

Unter der Schirmherrschaft von Athene und ihr zu Ehren veranstaltete man ab dem Jahre 566 v.Chr. in den Monaten Juli und August alljährlich die kleinen und alle vier Jahre die großen Panathenaischen Spiele in Athen. Anlaß dieses Festes, in dessen Rahmen viele Wettkämpfe abgehalten wurden, war der Geburtstag der jungfräulichen Stadtpatronin Pallas Athene. Höhepunkt war eine große Prozession. Dabei brachten vornehme junge Mädchen aus Athen, die mit Olivenzweigen bekränzt waren, ein von ihnen gewebtes und gesticktes Gewand, das *Peplos*, auf einem Schiff mit Rädern hinauf zur Akropolis. Es war für die alte Olivenholzstatue der Athenia Polias im Ostteil des Erechtheion bestimmt. Auf dem Parthenonfries ist diese Prozession ausführlich dargestellt.

Fester Bestandteil der Panathenaischen Spiele waren Wettbewerbe in den Disziplinen Musik, Tanz, Athletik, Pferderennen, Bootsrennen und Fackellauf. Als Preise gab es für die Sieger, Geld, Silber- und Goldkronen sowie reichverzierte Amphoren mit Olivenöl, das aus den Früchten des Olivenhains gewonnen wurde, den Solon hatte anlegen lassen. Diese sogenannten Panathenaischen Preisamphoren zeigen auf der einen Seite Athene als Kriegsgöttin, oft begleitet von einer Inschrift wie z.B. »Einer der Preise von Athene«, auf der anderen Seite ist die Wettkampfdisziplin abgebildet, in der der Teilnehmer den Sieg errungen hatte.

Im Museo Nazionale di Taranto befinden sich drei dieser kostbaren Amphoren zusammen mit einem Steinsarkophag, in dem die Gebeine eines Tarentiner Athleten ruhen, der zwischen 500 und 480 v.Chr. an

den Spielen in Athen teilgenommen und vier Siege davongetragen hatte. Tarent gehörte damals zur *Magna Graecia* – zu Großgriechenland. Von einer vierten Amphore haben sich Reste erhalten. Auf der Vorderseite der ersten Amphore (S. 55) erkennen wir Athene und links neben ihr die Inschrift »Unter der Schirmherrschaft Athenas«. Die Amphorenrückseite (links) zeigt die Disziplinen Weitsprung, Diskuswerfen und Flötenspiel. Auf der Rückseite der zweiten Amphore (rechts) ist ein Pferdegespann abgebildet, das den Athleten als Sieger im Wagenrennen ausweist. Von Inschriften weiß man, daß z.B. ein Knabensieger im Stadionlauf 50 und ein Halbwüchsiger 60 Amphoren als Preis erhielt. Es ist nur nicht bekannt, ob alle 50 oder 60 Amphoren bemalt waren oder nur eine, und es sich bei den anderen nur um einfache Tonkrüge handelte. Jedenfalls war der Wert des darin enthaltenen Olivenöls beträchtlich. Das Fassungsvermögen der Panathenaischen Amphoren beläuft sich auf 22 bis 39 Liter. 1000 bis 2000 Liter Öl waren also der Gewinn. Auch handelte es sich um ein ganz besonderes Öl: Es wurde aus den edlen Früchten der Ölbäume aus dem heiligen Hain Athenes gewonnen.

Wettkampfspiele, die in Zusammenhang mit dem Ölbaum standen, gab es noch in einem anderen Teil Griechenlands, in Olympia. Hier fanden zunächst jährlich, dann ab 580 v.Chr. alle vier Jahre, die Olympischen Spiele zu Ehren des Zeus statt. Seine Sitzstatue, die Phidias aus Gold und Elfenbein gefertigt hatte, stand in dem ihm geweihten Tempel. Sie war das berühmteste und prachtvollste Bildwerk der Antike und galt als eines der sieben Weltwunder. Nach Pausanias lag auf dem Haupte des Gottes ein aus Olivenzweigen geflochtener Kranz. Auch soll die Statue mit Öl begossen worden sein, damit das Elfenbein wegen

Panathenaische Preisamphore,
um 480 v.Chr., Tarent, Museo Nazionale

Panathenaische Preisamphore, um 480 v.Chr.,
Tarent, Museo Nazionale

der »sumpfigen Natur« in Olympia keinen Schaden nehme. Olivenöl bildet einen Film, der vor zu hoher Luftfeuchtigkeit schützt.

Als Gründer der Olympischen Spiele gilt Herakles, Sohn des Zeus und der Alkmene, sagenumwobener Held der Antike. Er soll den wilden Ölbaum aus dem Land der Hyperboreer, wo die sagenhaften Seevölker – unter ihnen auch die Philister – zu Hause gewesen sein sollen, mit Erlaubnis seiner mythischen Bewohner nach Olympia gebracht haben. Die Legende sagt, er habe ihn dort rechts vom *Opisthodom*, dem »Hinterhaus«, des Zeustempels eingepflanzt. Man bezeichnete ihn bald als den »schönkränzenden

Rückseite des Zeus-Tempels in Olympia, Mitte des 5. Jhs v. Chr.

Prunkfassade des Gymnasiums in Sardis (Provinz Izmir), um 211 von Caracalla errichtet

Ölbaum«, da mit seinen Zweigen die Sieger der Spiele bekränzt wurden. Nach einer anderen Version bekränzte Herakles, der den ersten *Agon* (Wettlauf) veranstaltete, den Sieger mit den Zweigen eines wild wachsenden Ölbaumes, der in Olympia so zahlreich wuchs, daß man auf den frisch geschnittenen Zweigen zu schlafen pflegte. Dies geschah aus religiösen Gründen: Man wollte sich vor den Dämonen der Unterwelt schützen, deren Anwesenheit man im Bereich des Zeus geweihten Olympischen Hains fürchtete. Offensichtlich gab es damals in Olympia einen größeren Olivenhain oder einen Wald mit wilden Ölbäumen.

Nach Phlegon von Tralles, einem Historiker zur Zeit Kaiser Hadrians, gab es bei fünf Olympiaden hintereinander keine Olivenkränze für die Sieger. Erst nach der Befragung des Orakels von Delphi wurden ab der siebten Olympiade (752 v. Chr.) die Sieger wieder mit einem Kranz der wilden Olive belohnt. Der Kranz sollte jedoch aus den Zweigen eines mit Spinnweben bedeckten Ölbaumes geflochten werden. Diesen Baum fand man im äußeren Tempelbezirk Olympias. Um ihn zu schützen, umgab man ihn mit einer Mauer und krönte fortan die Sieger mit seinen Zweigen. Während der Wettkämpfe lagen die Kränze für die Siegerehrung auf einem Tisch aus Gold und Elfenbein bereit. Dieser Tisch, ein Werk des Phidias-Schü-

ΜΕΔΟΝ

lers Kolotes, stand rechts vor der Vorhalle des Zeustempels auf einer kleinen Fläche, die in römischer Zeit mit sechseckigen Platten ausgelegt wurde. Die Bekränzung fand direkt nach jedem Wettkampf an Ort und Stelle statt: In den ersten Jahren in der *Altis*, dem Hain des Zeus in Olympia, später dann im Olympiastadion selbst. Die Ehrung des Siegers nahmen die *Hellanodiken*, die Kampfrichter, vor, die vornehme Purpurgewänder trugen und deren Häupter bekränzt waren. Herolde riefen den Namen des Siegers, auch den des Vaters sowie den der Heimatstadt aus. Endete ein Wettkampf unentschieden, dann wurde der Olivenkranz Zeus geweiht und in seinem Tempel niedergelegt. Die Bekränzung mit Olivenzweigen bei den Olympischen Spielen stellte für den Sieger eine außergewöhnlich große Ehre dar und galt mehr als jeder andere Preis, gleich aus welch edlem Material er auch immer gearbeitet sein mochte.

Eine besonders wichtige Rolle kam dem Olivenöl im Sport zu. In den Gymnasien, in den Palästren, den Übungsplätzen der Ringer, und in den Bädern, die es in großer Anzahl in jeder Stadt gab, wurden die dort übenden Jünglinge mit Öl eingerieben und massiert. Damit wollte man die Durchblutung der Muskeln fördern, sie geschmeidiger machen und somit auch die Leistungsfähigkeit der Athleten erhöhen. Das Einreiben erfolgte vor und nach den Übungen und wurde meist in einem gesonderten Raum vorgenommen. Teilweise rieben sich die Athleten auch selbst mit dem Öl ein. Dafür besaßen sie ein Besteck aus Bronze. Es bestand aus einem kleinen, runden, mit Olivenöl gefüllten Fläschchen, dem *Aryballos*, einem oder meh-

Athletenbesteck, bestehend aus Striegel, Aryballos und Pfännchen, Neapel, Museo Nazionale

Kelchkrater mit einer Palästraszene, um 510 v. Chr., Berlin, Antikenmuseum

Apoxyomenos, römische Kopie nach einer Bronze von Lysippos, um 330 v. Chr., Rom, Musei Vaticani

reren Striegeln zum Abschaben von Öl, Schweiß und Staub sowie einem Pfännchen, das wohl für die Aufnahme des Ölschweißes bestimmt war, denn dieser fand Verwendung für medizinische Zwecke. Auf einem 510 v. Chr. entstandenen Kelchkrater, er wird dem Euphronios-Maler zugeschrieben, gießt sich einer der Athleten aus einem Fläschchen, das er an seinem rechten Handgelenk befestigt hat, Öl auf die Hand, um sich damit einzureiben. Dies ist eine typische Szene aus einer Palästra. Die Bildhauer der Antike stellten auch gerne Athleten dar, die sich mit dem Striegel reinigen: So gibt es im Kunsthistorischen Museum in Wien die Statue eines Athleten aus Ephesos, den sogenannten »Schaber«, eine römische Bronzekopie nach einem griechischen Original der Zeit um 340/330 v. Chr., und in den Vatikanischen Museen in Rom finden wir eine Marmorfigur des Apoxyomenos, zu deutsch »Der sich Abschabende«. Die Figur ist eine römische Kopie des Bronzeoriginals, das Lysippos, Erzgießer und Hofkünstler Alexanders des Großen, um 330/320 v. Chr. schuf. Sie stellt einen olympischen Sieger dar. Ursprünglich war die Figur noch mit einem Striegel und einem Ölkännchen ausgestattet.

Das Öl für die Sportstätten wurde in Griechenland durch Beamte ausgegeben. Die Kosten des Öls trug gewöhnlich die Gemeindekasse. Bei besonderen Anlässen wie Spielen oder Festen traten reiche Griechen auch als Spender auf. Ähnliches gilt später auch für Rom. War es in Griechenland z. B. die Stadt Athen, die für die Panathenaischen Spiele das Öl aus dem heiligen Hain spendete, so nahmen in Rom die Staatsoberhäupter die Gelegenheit wahr, sich durch eine großzügige Spende politisch zu profilieren. Von Julius Caesar über Nero bis hin zu den späteren Kaisern Roms wurden diese Ölschenkungen vorgenommen. Das hatte ein beträchtliches Anwachsen des Ölhandels zur Folge und führte zu offiziellen Aufkäufen von Olivenöl für den römischen Staat.

Olivenöl als Schönheitsmittel und Wundermedizin

Seit dem 8. Jahrhundert v. Chr. breiteten sich die Griechen im Mittelmeerraum aus und gründeten Kolonien in Unteritalien, Sizilien, Nordafrika und Südfrankreich. Städte wie Kyme (Cumae), Taras (Taranto), Rhegion (Reggio di Calabria), Syrakus, Messana (Messina), Kyrene in der Kyrenaika sowie Massalia (Marseille) hatten ihre eigenen Werkstätten für Duft- und Salböle. Die Römer übernahmen diesen Salbölkult und stellten nun ihrerseits Salben, Duftöle und die entsprechenden Toilettengegenstände wie Fläschchen und Döschen her.

Wie wohlriechende Öle hergestellt wurden, zeigt uns ein Wandfresko aus der Casa dei Vetti in Pompei aus dem Jahr 79. Rechts ist eine Ölpresse zu erkennen, die von zwei Eroten bedient wird. Mit Hämmern schlagen sie Keile zwischen die Querlatten, die wiederum zwischen zwei senkrechten Holzpfosten stekken. Damit wird der erforderliche Druck auf die in Preßmatten liegenden Oliven erzeugt. Von dem viereckigen Steintisch fließt der ausgepreßte Saft, der Wasser und Öl enthält, in ein rundes Gefäß. Links davon rührt ein Eros in einer Schüssel, die auf einem Dreifuß über einem Feuer steht. Durch Erhitzen des Olivensaftes soll zum einen das Wasser verdampfen, zum anderen das zurückbleibende Öl die Duftstoffe der Kräuter besser aufnehmen. Weiter links zerstoßen zwei Eroten in einem Mörser wohlriechende Kräuter, die dem Öl beigemengt werden. Neben ihnen befindet sich der Verkaufsraum mit Ladentisch und einem Schrank. Auf dem Tisch erkennt man eine Papyrusrolle, eine Waage und eine Flasche. Im Schrank befinden sich weitere Parfümflaschen sowie eine Statuette. Der Eros hinter dem Tisch hat gerade ein dickbauchiges Glasgefäß aus der Schüssel gefüllt, die seitlich des Schrankes auf einem Dreifuß ruht. In der Szene ganz links steht ein Eros mit einer Flasche unter dem Arm abwartend vor einer vor ihm sitzenden eleganten Dame. Mit dem Löffel in seiner rechten Hand, so scheint

Parfümherstellende Putten,
Fresko in der Casa dei Vetti, Pompei, vor 79

es, hat er eben eine Parfümprobe auf den Handrücken der Dame aufgetragen. Diese überprüft die Qualität des Parfüms mit der so typischen Geste, die wir aus jedem Parfümladen kennen. Die hinter ihr stehende Dienerin, die einen langstieligen Fächer hält, beschließt diese anmutige und »aromatische« Bildergeschichte.

Duftöle verbreiten ihren Wohlgeruch auch in Wohnräumen. Das sogenannte *Exaleiptron* aus frühkorinthischer Zeit (um 600 v. Chr.) diente eigens diesem Zweck. Um ein Verschütten des Öls zu vermeiden, besitzt die Schale drei Henkel für eine Schnur- oder Kettenaufhängung und einen nach innen gebogenen Rand. Er ist mit Tieren, Fabelwesen und Dickbauchtänzern bemalt.

Frühkorinthisches Exaleiptron für Duftöl, um 600 v. Chr., Würzburg, Martin von Wagner Museum

Alabastron-Gefäße für Duftöle mit Motiven aus der Tier- und Fabelwelt, um 600 v. Chr., Würzburg, Martin von Wagner Museum

Mit großer Liebe zum Detail gestalteten die Künstler die Aufbewahrungsgefäße von Salb- und Duftölen. Korinthisch und um 600 v. Chr. datierbar sind die unterschiedlichen Salbölgefäße. Links ein Aryballos mit drei Reitern. In der Mitte ein Gefäß in der Gestalt eines hockenden Mannes, als Dämon verkleidet. Auf dem Fellkostüm Ornamente und auf dem Gesäß Tiere. Der Ringaryballos rechts mit Darstellung einer Eule.

Frühkorinthische Gefäße für Duftöle, um 600 v. Chr., Würzburg, Martin von Wagner Museum

Duftölgefäße in Tiergestalt aus dem 6. Jh. v. Chr., Würzburg, Martin von Wagner Museum

Gefäße für Duftöle und Öllämpchen aus Bronze in Schneckenform, zwischen 520 und 380 v. Chr., Würzburg, Martin von Wagner Museum

Römische Glasgefäße für Duftöle, 2.-1. Jh. v. Chr., Tarent, Museo Nazionale

Römische Bronzegefäße für Duftöle, 2.-1. Jh. v. Chr., Tarent, Museo Nazionale

Die Glas- und Bronzesalbgefäße stammen aus römischer Zeit, aus dem 1. bis 2. Jahrhundert. Auch sie zierten, mit wohlriechenden Ölen gefüllt, den Toilettentisch einer vornehmen tarentinischen Dame.

Ein typischer Gebrauchsgegenstand waren die schwarzbemalten *Bauch-Lekythen.* Sie enthielten ebenfalls Duft- und Salböl und waren in vielen Häusern anzutreffen. Auch als Grabbeigaben sind sie uns überliefert. Auf ihnen finden sich häufig Darstellungen aus der griechischen Mythologie wie ein Bildnis des Hermes oder Perseus (Vase rechts) oder das einer Amazone (Vase Mitte vorne). Die Beispiele sind apulisch und um 440/390 v. Chr. entstanden.

Verwendung in Bädern fanden zwei Deckelgefäße für Duftöl, sogenannte *Exaleiptra.* Die abgebildeten Exemplare sind im 3. bzw. 4. Jahrhundert v. Chr. in Apulien entstanden. Auf der Abbildung auf S. 80 hält eine Dame auf dem linken Lekythos-Gefäß ein solches Exaleiptron in den Händen.

Bauchlekythen, apulisch, um 400 v. Chr., Würzburg, Martin von Wagner Museum

Nicht einig ist man sich über den Gebrauch der kleinen schwarzbemalten Gefäße aus dem 4. bis 3. Jahrhundert v. Chr. mit Henkel, Ausgußöffnung mit breitem gerilltem Rand, gerippptem Bauch und reliefartigen Darstellungen wie Löwenkopf (rechts), Europa auf dem Stier (oben Mitte) oder Haupt des Herakles (links). Diese *Gutus* genannten Gefäße dienten wahrscheinlich ebenfalls dazu, wohlduftende Öle aufzunehmen. Einige vermuten jedoch, daß es sich auch um Öllämpchen handeln könnte. Allerdings fehlt hier die für das Funktionieren bei Öllampen notwendige zweite Öffnung. Die abgebildeten Beispiele stammen aus Apulien.

Playboys scheint es schon immer gegeben zu haben: jedenfalls um 490 bis 460 v. Chr. Denn aus dieser Zeit stammt ein Alabastron-Gefäß, das ein ganz typischer Gebrauchsgegenstand eines Lebemannes war. Natürlich mit wohlduftendem Öl gefüllt, trug man es an einem Band am Handgelenk oder am Gürtel. Unser Beispiel zeigt einen liebesbedürftigen Freier, der, erwartungsvoll auf einen Stock gestützt, der Begegnung mit einer Hetäre entgegensieht.

Alabastron, 490-460 v. Chr.,
Würzburg, Martin von Wagner Museum

Ob er nun für Duftöl, Speiseöl, Oliven oder für Wein bestimmt war, ganz klar ist der Gebrauchszweck des *Silber-Kantharos* mit Olivenzweigen als Dekor nicht. Er gehört zu einem Tafelgeschirr aus Silber, von dem 118 Stücke bei Ausgrabungen in der Casa del Menandro in Pompei ans Licht kamen. Er wurde in der frühen Kaiserzeit gefertigt und bei dem Vesuvausbruch am 24. August 79 unter glühender Lava begraben. Das Gefäß kann man zu Recht als die schönste und edelste uns erhaltene Darstellung von Olivenzweigen aus der Antike bezeichnen.

Silber-Kantharos aus der Casa del Menandro in Pompei, vor 79, Neapel, Museo Nazionale

Nichts könnte trefflicher den Kult um die Duft- und Salböle schildern als ein Duft-Poem von dem am ptolemaischen Königshof in Alexandria tätigen griechischen Gelehrten und Dichter Kallimachos (er lebte zwischen 310 und 240 v. Chr.). Seine berühmte Elegie auf *Die Locke der Berenike* ist uns in einer lateinischen Umdichtung Catulls erhalten. Bei einem Feldzug im Jahre 246 v. Chr. mußte Ptolemaios III., König über Ägypten, seine frisch angetraute Gattin Berenike (nach einer anderen Version seine Schwester) allein zurücklassen. Bei einer glücklichen Rückkehr, so gelobte sie, wollte sie den Göttern im Pantheon von Alexandria eine Haarlocke opfern. Dies tat sie denn auch, als ihr Gatte wohlbehalten wieder zu Hause angekommen war. Aber nach kurzer Zeit war die Locke auf unerklärliche Weise verschwunden. Doch der Astronom Konon wußte Rat. Er hatte die Locke am Himmel als Sternbild entdeckt. Der Hofpoet Kallimachos wußte sogar, wie sie dorthin gekommen war, denn die Locke hatte es ihm höchstpersönlich erzählt: Ein Zephyr hatte sie entführt, und nach einer Zwischenlandung war sie zu den Sternen emporgestiegen. Trotz aller himmlischen Ehren fühlte sie sich aber recht unglücklich, da sie nicht mehr auf dem Haupte ihrer Königin sein konnte, auch wenn sie in der Jugend der Prinzessin zwar viele, aber doch nur einfache Parfüms »getrunken« hatte. Sie verlangte deshalb eine Entschädigung: Jede Braut sollte ihr, der Locke, eine Duft- oder Salbölspende aus ihrem Onyxgefäß darbringen, bevor sie sich mit ihrem Bräutigam vereinte, und an den Festtagen der Aphrodite sollte die Königin Berenike der Aphrodite reichlich Duftopfer spenden.

Über die unzähligen Parfüms und Salben – Catull selbst spricht von 1000 –, über die Essenzen, Duftstoffe und die verführerischen Wohlgerüche, die daraufhin reichlich zum Einsatz kamen, kann man nur spekulieren. Dank des nun erwachenden Interesses der Königin an kostbaren Parfüms, erreichte der Beliebtheitsgrad der Duftstoffe im mondänen Alexandria einen gewaltigen Aufschwung. Bisweilen wurde auch Kritik an dieser »Verschwendungssucht« laut. Schon früher hatte man in Sparta die sogenannten Salbensieder als Ölverderber und Panscher bezeichnet. In Athen erließ Solon für Männer sogar eine Art Berufsverbot in diesem Gewerbe. Philosophen wie Diogenes und Platon hielten Salben und Parfüms sogar für unnütz und schädlich für die Gesellschaft. Manche erkannten in den Düften jedoch auch ein göttliches Geschenk und meinten, daß Blumen, Gewürze und Öle eben dazu geschaffen seien, uns ihre Wohlgerüche mitzuteilen. Andere wiederum sahen den Nutzen dieser Aromata ausschließlich im medizinischen Bereich.

Olivenöl wurde nicht nur zur Herstellung wohlriechender Salben und Öle verwendet. Auch für Wund- und Heilsalben diente es als Grundlage. Man stillte mit ihm blutende Wunden, linderte den Juckreiz, trug es bei Nesselstichen auf, es half bei Brandwunden und Hautrissen, bei Kopfschmerzen wurde der Kopf damit einmassiert, man rieb sich bei Gicht und Mattigkeit damit ein, einige Tropfen im Waschwasser taten den Ohren und den Augen gut, und man verwendete es bei Ölbädern sowie bei Umschlägen mit Schläuchen, die mit heißem Öl gefüllt wurden. Olivenöl wurde auch innerlich angewendet. So bei Vergiftungen und Magen- und Darmbeschwerden, zur Mundspülung, bei Erkrankung des Uterus und zur Förderung der Menstruation. Selbst verwundete Elefanten sollen durch das Trinken von Olivenöl wieder genesen sein.

Im 3. Buch Mose erfahren wir sogar, daß man mit Öl auch Aussätzige zu heilen versuchte:

Und der Herr redete mit Mose und sprach: Dies ist das Gesetz über den Aussätzigen, wenn er soll gereinigt werden. Er soll zum Priester kommen…
Der Aussätzige muß Waschungen vornehmen, einen Vogel und ein Lamm opfern und dem Speiseopfer drei Zehntel Semmelmehl mit Öl gemengt und ein Log Öl beigeben… Da soll der Priester denselben Gereinigten und diese Dinge stellen vor den Herrn, vor der Tür der Hütte des Stifts. Und soll das eine Lamm nehmen und zum Schuldopfer opfern mit dem Log Öl und soll solches vor dem Herrn weben ... darnach soll er des Öls aus dem Log nehmen und in seine [des Priesters] linke Hand gießen. Und mit seinem rechten Finger in das Öl tunken, das in seiner linken Hand ist und sprengen mit seinem Finger das Öl siebenmal vor dem Herrn. Das übrige Öl aber in seiner Hand soll er dem Gereinigten auf den Knorpel des rechten Ohrs tun und auf den rechten Daumen und auf den großen Zehen seines rechten Fußes, oben auf das Blut des Schuldopfers. Das übrige Öl aber in seiner Hand soll er auf des Gereinigten Haupt tun und ihn versöhnen vor dem Herrn.

Für die weniger begüterten Aussätzigen gibt Gott an Mose die Regeln einfacherer entsühnender Opferhandlungen weiter: Öl darf auch hier nicht fehlen. Diese Empfehlungen sind rund 3000 Jahre alt. Auch wenn es erst vor wenigen Jahren gelungen ist, Lepra zu heilen, ist uns doch der eine oder andere Fall überliefert, bei dem es damals zu einem Stillstand dieser Krankheit kam. Ob dies auf die Anwendung von Olivenöl zurückzuführen ist oder auf den Glauben, wer vermag hierauf eine Antwort zu geben.

Mit Olivenkränzen und Olivenöl in das Reich des Hades

Der Zugang in das Reich des Hades, in die Unterwelt, war nur mit Hilfe von Charon, dem Fährmann, möglich. Nach Entrichtung eines Obolus geleitete er die Seelen der Verstorbenen in seinem Nachen über den Fluß Acheron. Diese Überfahrt war von Furcht und Schrecken begleitet. Denn einmal angekommen auf der anderen Seite, gab es kein Zurück mehr aus diesem Reich der Dämonen, der Finsternis und der Freudlosigkeit. Das Begräbnis war daher in der Antike eine heilige Handlung, die bei der Bewältigung dieses schwierigen Übergangs helfen sollte. Waren bei Griechen und Römern schon Schutzheilige und Opfergaben erforderlich, um den glücklichen Verlauf einer gewöhnlichen Reise zu gewährleisten, so galten entsprechende Schutzmaßnahmen und Vorbereitungen erst recht bei einer so gefährlichen und unheimlichen Fahrt wie der in das Reich der Toten. Dies fand Ausdruck in einem sehr reichhaltigen und frommen Grabkult. Zahllose Grabfunde füllen heute die Säle der archäologischen Museen auf der ganzen Erde. So sind wir in der Lage, uns ein fast lückenloses Bild der Grabkulte der Griechen und Römer vor 2000 bis 3000 Jahren zu machen. In beeindruckender Weise spiegeln dabei die Grabbeigaben als Dokumente und Zeugen von damals nicht nur den sozialen Status des Verstorbenen wider, sondern auch die gesamte klassische Mythologie. Olivenöl und Olivenkränze spielten hierbei die Hauptrollen.

Wie wichtig die Waschung und Salbung der Toten bei den Griechen war, hatten wir schon von Homer erfahren. Nach Plutarch begruben die Spartaner ihre Toten außerdem in Ölblättern, während Olivenzweige das Material für die Totenkränze im gesamten hellenistischen Raum bildeten. Der Grabkult der Griechen sah auch vor, daß der Verstorbene, nachdem er gewaschen und gesalbt und damit gereinigt worden war, mit Olivenzweigen bekränzt wurde. Der Olivenkranz hatte die Aufgabe, die Dämonen – der Tote war ja jetzt im Reich derselben – an den Toten zu binden, damit die noch lebenden Hinterbliebenen, die am Totenlager standen, vor ihnen geschützt waren und selbst nicht religiös verunreinigt werden konnten. Zudem war der Kranz Symbol für die vollzogene Reinigung und Weihe. Auch unter den Edelmetallkränzen, die im Grabeskult Verwendung fanden, gab es Nachbildungen von Olivenzweigen. Das in aller Welt um seine Goldschätze beneidete Museo Nazionale di Taranto besitzt einige wunderschöne Exponate. So auch einen Kranz aus 26 stilisierten Olivenblättern in Gold, der in einem Grab aus dem 3. bis 2. Jahrhundert v. Chr. in Teanum Apulum unweit von Foggia zusammen mit Salbölgefäßen und Öllämpchen gefunden worden war.

Olivenkranz aus Goldblättern, Ende des 3. Jhs v. Chr., Tarent, Museo Nazionale

In einem Rededuell zwischen dem Lorbeer- und dem Olivenbaum, das uns der Dichter Kallimachos in einem Jambus vermittelt, brüstet sich der Lorbeer mit seiner Heiligkeit und Reinheit und spricht davon, daß die Olive ja lediglich für den Kranz und das Totenlager des Verstorbenen da sei. Kallimachos hat mit diesem Gleichnis sehr deutlich den Stellenwert, den der Ölbaum zu Lebzeiten des Dichters im 3. Jahrhundert v. Chr. im Grabkult der Griechen innehatte, betont.

Apulischer Volutenkrater mit Grabszene, 4. Jh. v. Chr., Basel, Antikenmuseum

Viele Grabbeigaben, z.B. Vasen, nehmen Bezug auf den Grabkult, da ihre Malereien den Beerdigten als Toten darstellen. Entsprechende Attribute weisen auf den Rang und die Tätigkeiten der Person zu Lebzeiten hin. So gibt es Darstellungen von Athleten und Kriegern, die durch Attribute wie Striegel und Aryballosfläschchen als solche ausgewiesen werden. Ein Volutenkrater aus dem 4. Jahrhundert v. Chr., in Apulien von dem sogenannten Ganymed-Maler gefertigt, zeigt in einem tempelartigen Grabbau einen sitzenden und einen stehenden Jüngling in einer Grabkapelle mit zwei ionischen Säulen. Der Stehende trägt einen Striegel und einen Aryballos, der Sitzende hält eine Opferschale. Über ihnen an der Decke aufgehängt ein Helm und ein Panzer. Seitlich des Grabbaues sind Gabenbringer abgebildet. Vor einer sitzenden Frau (rechts oben), die einen Korb mit Torte und Weintrauben bringt, ein Alabastron, ein Salbgefäß in Form eines Lekythos, das mitgebrachtes Duft- und Salböl enthält. Die Szene spielt vermutlich im Reich der Toten.

Auf einer Grabstele von 430 v. Chr. im Museum des Kerameikos-Friedhofs in Athen ist ein Jüngling mit einem Striegel in der Hand abgebildet. Eupheros, so sein Name, hatte sich anscheinend sportlich betätigt, was seine Darstellung als Athleten mit Striegel rechtfertigt. In seinem Grab fand man denn auch Striegel und mehrere Lekythen. Lekythen sind kugelige, aber meist langgestreckte Keramikgefäße mit engem Hals und feinlinigen Malereien. Sie enthielten Salböl. In späterer Zeit befand sich aus Gründen der Sparsamkeit nur noch im Hals Olivenöl. Bei Begräbnissen und im Totenkult kam ihnen im 5. Jahrhundert v. Chr. in Attika eine vorrangige Stellung zu. Dargestellt waren auf ihnen oft kultische Vorgänge, wie z. B. das Aufstellen von Lekythen auf den Stufen von Grabmälern.

Grabstele eines Athleten, um 430 v. Chr.,
Athen, Kerameikos-Friedhof

Lekythen, Ölflaschen für den Totenkult,
attisch, 5. Jh. v. Chr.,
Tarent, Museo Nazionale

Dies entsprach der Wirklichkeit: Zum einen sollte das zum Begräbnis mitgebrachte Salböl – auch Olivenzweige hatte man dabei – dem Toten, d.h. der Psyche des Toten, im Jenseits dienen, zum anderen mußte man auch die Grabstele salben. Die Salbung von Grabmälern war ein Akt sakraler Reinigung und eine Weihe der Stätte, an der sich der heroisierte Tote aufhielt. Lekythen aus Stein fanden auch als Vollskulptur oder als Relief Verwendung, wie die Beispiele im Kerameikos-Friedhof in Athen zeigen.

Nicht nur Begräbnisse, auch Geburten und Hochzeiten waren Anlässe, die für die Griechen und Römer die Gefahr einer religiösen Befleckung bargen. So wurden Mutter und neugeborenes Kind durch eine Waschung mit anschließender Salbung entsühnt sowie das Kind zum Schutz gegen Dämonen mit Olivenblättern bekränzt. Auch die Jungvermählten wußten wohlriechende Salben zu schätzen und rieben sich damit ein. Für die Griechen bezeugt dies Ovid und für die Römer Catull. Auch diese Reinigung hatte religiöse Gründe: Man wollte den »Gefahren der Brautnacht«, z. B. dem Keuschheitsverlust, begegnen. Die Dämonen konnten den Brautleuten dann nichts anhaben. Zusätzlich schmückte man bei den Griechen und Römern die Türen der Häuser, in denen ein neugeborener Knabe oder ein Brautpaar wohnte, mit Olivenzweigen und Kränzen, um die Dämonen für immer zu bannen und abzuschrecken. Dem ging eine symbolische Reinigung und Salbung der Türen voraus, zu der man Olivenöl verwendete. Auch bei der dionysischen Kultfeier, die uns in einem der erhaltenen Räume in der Villa Dei Misteri in Pompei auf einem Wandfresko begegnet, kommt dem Olivenzweig symbolhafte Bedeutung zu. So ziert er das mit einem Tuch bedeckte Haupt einer sitzenden Dame. Das Gemälde wird in die Mitte des 1. Jahrhunderts v. Chr. datiert.

Beim Gottesdienst kam dem Olivenbaum, seinen Zweigen und seinem Öl eine besondere Rolle zu. Er war der heilige Baum der Athene und des Zeus. Sein Holz, seine Blätter, seine Früchte und sein Öl galten

Steinlekythos als Grabmal,
Mitte des 5. Jhs v. Chr.,
Athen, Kerameikos-Friedhof

somit als rein. Aus dem Holz des Olivenbaumes schufen die Griechen Götterbilder wie die Statue der Athena Polias auf der Akropolis oder die der Fruchtbarkeitsgöttinnen Damia und Auxesia. Mit seinem Öl salbte man heilige Steine und Bäume und machte sie somit zu Göttern. Der Kirchenvater Augustinus erinnert uns an eine Stelle in der Genesis, die davon berichtet, daß Jakob nach seinem Traum einen Stein mit Öl salbt, diesen jedoch nicht wie die Götzendiener – gemeint waren die Griechen – zu einer Art Gott macht und ihn anbetet, sondern ihn als Haus Gottes bezeichnet. Nach der Salbung des Steines beschwor man die göttliche Kraft, sich in dem Stein niederzulassen.

Durch die Bekränzung des Steines mit Ölzweigen war die Gottheit an den Stein gebannt. Doch die Wirkung des Bannes war zeitlich beschränkt. Um den Bann zu verlängern, begoß man täglich einen heiligen Stein, der in der Nähe des Apollotempels in Delphi lag, mit Öl. Man glaubte, dies sei der Stein, den Rhea ihrem Gemahl Kronos, der bis zu diesem Zeitpunkt jedes von Rhea geborene Kind verschlungen hatte, an Stelle des neugeborenen Zeus gegeben habe. Der habe ihn jedoch wieder ausgespien. Auch die Bilder und Statuen der Götter wurden gesalbt. Durch die reinigende sakrale Salbung mit Olivenöl wurde die Gottheit in ihr Bildnis hineingebannt und durch die anschließende Bekränzung in ihm festgehalten. Auch mußte die Handlung ständig wiederholt werden, da die Wirkung wegen des Einflusses von Dämonen nachließ. Von Pausanias erfahren wir, daß z.B. Zeus in seinem Tempel in Olympia von Kaiser Nero drei Kränze aus den Blättern des wilden Ölbaums als Weihgeschenk erhielt. Wenn nun jemand einen Tempel betrat, um sein Anliegen dem dort gegenwärtigen Gott oder der Göttin vorzutragen, mußte er sich vorher symbolhaft durch eine Salbung reinigen. Dies tat man, um sich vor der unheimlichen Gottheit zu schützen, aber auch, um den Gott gnädig und freundlich zu stimmen. Zu den Personen, die sich einer Salbung zu unterziehen hatten – dies galt nicht nur für den Götterkult Griechenlands oder Roms –, zählten insbesondere die Priester, z.B. auch bei den Ägyptern, den Hebräern und den Christen, und darüber hinaus alle, die an den Kulthandlungen teilnahmen, also auch die Könige. Manche Heiligtümer besaßen sogar Badeeinrichtungen, wo man sich zuerst einölte und dann wusch. Pausanias weiß zu berichten, daß man eine Höhle des Trophonios (Baumeister des Apollo-Tempels in Delphi; Trophonios wurde auch als Zeus-Trophonios verehrt) bei Livadia am Kopaisee in Boiotien in Mittelgriechenland nur dann betreten durfte, wenn man sich an einer heiligen Quelle gesalbt und gewaschen hatte. In Epidauros und in Priene haben sich solche Bäder vor den heiligen Bezirken erhalten.

Olivenöl zählte auch zu den Opfergaben. So wissen wir von Spenden in Form von Kosmetika: Der Liebesgöttin Aphrodite wurden Duftöle dargebracht, auch viele andere Götter, z.B. Athene und die Nymphen, erhielten »pflegende« Gaben. Abrechnungen über monatliche Ölspenden an den heiligen Bezirk von Delos sind uns von der delischen Priesterschaft überliefert. Danach war der Verbrauch beträchtlich und die Spenden wohl entsprechend hoch. Wieviel von der Gesamtmenge des Öls für sakrale Zwecke bestimmt war und wie groß im Verhältnis dazu der Eigenbedarf der Priester war, entzieht sich unserer Kenntnis.

Dame mit Olivenkranz, Mitte des 1. Jhs v.Chr.,
Ausschnitt aus einem Wandfresko in der Villa dei Misteri,
Pompei

Vom Orient zum Okzident

Im Mittelmeerraum breitete sich der Olivenanbau von Osten nach Westen aus; er erfolgte in mehreren Zeitphasen. Drei davon verdienen es, hervorgehoben zu werden. Die erste uns bekannte Phase nahm ihren Ausgang in Palästina, Israel und Syrien sowie auf Kreta. Sie umfaßt den Zeitraum von 5000 bis 1400 v. Chr. Ihren Höhepunkt erreichte sie zwischen 2000 bis 1400 v. Chr. vor allem auf Kreta. Aufgrund von Handelsbeziehungen und wohl auch der Vermittlung des »Know-hows« der Olivenzucht, dehnten sich die Anbaugebiete auch auf andere Länder aus. In bescheidenem Umfang kamen nun die heutige Süd- und Westtürkei, Zypern und Ägypten hinzu. Größere Ausmaße nahm die Olivenbaumzucht auf dem griechischen Festland an, so vor allem in Mykene. Hier begann denn auch, ohne daß damit die Olivenzucht in den Ursprungsländern beendet gewesen wäre, um 1500 v. Chr. die zweite Ausbreitungs- und Anbauphase, die, was Mykene selbst betrifft, nur bis etwa 1100 v. Chr. dauerte, aber ganz Griechenland und die griechischen Inseln erfaßte.

Ausgesprochene Olivenanbauzentren waren Attika mit Athen und Marathon, dann Delphi und Olympia, Mykene, es folgten Sparta sowie die Gebiete in Thessalien, am Parnaß und bei den Thermopylen. Von den Inseln sind besonders hervorzuheben Rhodos und Samos, die Kykladen mit Delos, die Heimatinsel des Odysseus, Ithaka (Leukas), sowie, neben Zypern und Kreta, die Insel der Phaiaken, Korfu. Mit zur zweiten Ausbreitungsphase gehören auch die griechischen Kolonien. Im 8. Jahrhundert v. Chr. waren die Griechen aus politischen und wirtschaftlichen Gründen dazu übergegangen, ihren Machteinfluß im Mittelmeerraum immer weiter auszubauen und durch Gründung von Kolonien zu festigen. Die hinzugekommenen neuen Landgebiete faßten sie unter dem Begriff *Magna Graecia* zusammen. Einer ihrer »Exportartikel« für »Großgriechenland« war der Ölbaum und das Wissen um seine Aufzucht und die Ölgewinnung. So wurde denn in Folge die Olive in großem Umfang an den Küstengebieten der heutigen Türkei in Unteritalien, Sizilien und Nordafrika angebaut, und bereits bestehende Olivenbaumkulturen wurden modernisiert und erweitert. Etwas später, um 700 und 600 v. Chr., folgten die Kolonien in der Kyrenaika (Libyen) und in Südfrankreich.

Auch die Phönizier (Punier) hatten schon frühzeitig von ihrem Heimatland, dem heutigen Syrien, aus ihre Kenntnisse über Aufzucht und Veredelung des wilden Ölbaums verbreitet und in ihren wenigen Kolonien Olivenhaine angelegt. So brachten sie um 850 v. Chr. die Ölbaumzucht nach Karthago (Tunesien). Sie waren kein kriegerisches Volk, sondern Seefahrer und Kaufleute. Deshalb gründeten sie auch kaum Kolonien, sondern beschränkten sich auf das Anlegen von Handelsniederlassungen und Faktoreien. Eine Siedlung an der kleinen Syrte, wohl die älteste Gründung der Phönizier, trägt den Namen *Zitha*, der aus dem syrischen *zeta* abzuleiten ist und Ölbaum bedeutet. Man erzählt, daß einst ein Leitungssystem die ungeheueren Ölmengen zum Hafen von Zitha geführt haben soll.

Auf Münzen, die um 490 v. Chr. in Messina und um 400 v. Chr. in Crotona in Kalabrien geprägt wurden, zeugen Darstellungen von Olivenblättern und Zweigen von dem Rang, den der Ölbaum um diese Zeit bereits in Unteritalien eingenommen hatte. Zwar zitiert der röm. Naturwissenschaftler Plinius (23-79) in seiner *Naturalis Historia* einen gewissen Fenestella, der um 35 behauptet hatte, daß es 581 v. Chr. weder in Italien, in Spanien noch in Afrika Ölbäume gegeben habe, aber wer weiß schon, ob es sich hier nicht um eine ungeprüfte Wiederholung einer Behauptung des Historikers und Weltreisenden Herodot handelt, der rund 400 Jahre vor ihm von 484 bis 425 v. Chr. lebte. Denn nach ihm soll es ja nur in Athen Ölbäume gegeben haben und sonst nirgendwo. Aber in Wirklichkeit sah es ganz anders aus. Darstellungen auf süditalienischen Vasen aus dem 6. und 5. Jahrhundert v. Chr. über Olivenernte, Ölherstellung und Ölverkauf legen unzweifelhaft Zeugnis von der Existenz des Olivenanbaus in Süditalien ab.

Die dritte Ausbreitungs- bzw. Anbauphase kam mit den Römern. Sie sorgten nicht nur für den Ausbau der Ölbaumpflanzungen auf dem italienischen Stiefel und in Sizilien, sondern sie betrieben in sehr großem Umfang im ganzen Mittelmeerraum – Spanien gehörte jetzt ebenso dazu wie die gesamte Küstenzone Afrikas zum Mittelmeer – die Anlegung von Olivenhainen in nie gekannten Größenordnungen. Olivenöl war zu einem gewaltigen Wirtschaftsfaktor geworden. Im Rom zur Kaiserzeit waren Anbau, Herstellung sowie Handel der öffentlichen Verwaltung unterstellt. Wie bereits in Palästina, auf Kreta oder in Griechenland, regelte man auch von Rom aus die Ein- und Ausfuhr von Öl und erhob Einfuhrzölle.

Der Eigenbedarf Roms stieg ständig, denn Olivenöl wurde zu einem Bedürfnis des täglichen Lebens, und die Einfuhren mußten drastisch erhöht werden. Auch weiß man von Zwangsabgaben unterworfener Völker. So legte Julius Caesar z. B. Leptis Magna in Tunesien einen jährlichen Tribut von 3 Millionen Pfund Öl auf. Stempel auf Bruchstücken von Ölkrügen auf dem Monte Testaccio in Rom bezeugen Öleinfuhren aus Leptis Magna, Saguntum (Sagunto) und Corduba in Spanien. Dazu kamen Importe aus Kleinasien, Syrien, Mauretanien (Marokko und Algerien) und Griechenland. Von der Insel Delos ist uns sogar aus der Zeit Sullas, um 100 v. Chr., ein aus Römern bestehendes Collegium von *Olearii* (Ölhändlern) überliefert. Solche Ölhändlerzünfte gab es auch in Italien. Nach Plinius war Italien um die Mitte des 1. Jahrhunderts bereits so reich an vorzüglichem und billigem Öl, daß es alle anderen Länder übertraf: *»Principatum in hoc quoque bono (oleo) obtunuit Italia et toto orbe.«*

Verschiedene Vasen mit Szenen aus dem Ölhandel bezeugen die Tradition dieses Handelszweiges bereits im 6. Jahrhundert v. Chr. So haben sich zwei attische Vasen (*Peliken*) aus dieser Zeit erhalten. Die eine (nicht abgebildet) befindet sich in der Villa Giuglia in Rom und zeigt drei Männer, die anscheinend um den Preis feilschen und dabei eine Ölprobe aus den zwischen ihnen stehenden Amphoren entnommen haben. Die andere Vase zeigt auf der Vorderseite einen Olivenbaum. Zu beiden Seiten des Baumes sitzt je ein mit Ölzweigen bekränzter Mann auf einem Lehnstuhl beziehungsweise auf einem Klappstuhl. Vor jedem steht eine große Amphora. Während der Mann rechts (Einkäufer) sich mit einem Hund befaßt, läßt der Mann links (Verkäufer) aus einem Trichter, dessen untere Öffnung er mit einem Zeigefinger verschlossen hält, eine Ölprobe, die er wohl aus der Amphora entnommen hat, in eine kleine Lekythos laufen. Eine Inschrift besagt sinngemäß: »Oh, Vater Zeus, laß mich reich werden.« Sie gibt die Gedanken des Verkäufers wieder.

Die Rückseite zeigt ebenfalls zwei Männer. Der Mann rechts sitzt auf einem Klappstuhl. Vor ihm eine Amphora. Der Mann links scheint mit dem Hund gerade angekommen zu sein und will wohl Öl kaufen. Auch hier eine Inschrift, die wohl so zu deuten ist: »Wenn es deinem Willen entspricht, verschaffe mir wohlgefüllte Gefäße.«

Zahlreiche griechische und römische Gelehrte, Wissenschaftler, Agrarexperten, Dichter, Philosophen und Staatsmänner haben sich mit dem Anbau und der Veredelung des Ölbaumes befaßt. Mögen sie Solon, Theophrast, Aristophanes, Aristoteles, Vitruv, Cato, Varro, Strabon, Columella, Plinius oder Palladius heißen, alle haben ihre Erkenntnisse und Erfahrungen mit dem Ölbaum niedergeschrieben und ihrer Umwelt außerordentlich nützliche und wertvolle Anleitungen für die Olivenzucht und die Ölgewinnung gegeben. Sie befaßten sich mit der Bodenbeschaffenheit, dem Klima, der Aufzucht durch Setzlinge oder mittels Pfropfen. Es folgen genaue Angaben über das Anlegen von Pflanzenschulen und über die Abstände zwischen den Bäumen, schließlich wird empfohlen, die Baumblüte genau zu beobachten, um so die Ernte besser beurteilen zu können.

Attische Pelike (Vorder- und Rückseite) mit einer Darstellung des Ölhandels, 6. Jh. v. Chr., Rom, Musei Vaticani

Thales von Milet, um 600 v. Chr., einem der sieben Weisen und aus der Geometrie bekannt, gelang es so, ganze Ernten aufzukaufen. Man berichtet, daß er, als man wieder einmal über seine Unbeholfenheit in praktischen Dingen spottete, alle verfügbaren Ölpressen weit und breit ganz billig anmietete. Denn er hatte an der Blüte der Ölbäume eine reiche Olivenernte kommen sehen. Als die Ölmühlen dann gebraucht wurden, vermietete er sie zu Höchstpreisen weiter.

Die Ernte der Oliven unterlag strengen Regeln. Sie durfte nur durch Pflücken mit der Hand, Schütteln oder Schlagen mit Rohrstöcken erfolgen. Es ist von Matten unter den Bäumen die Rede; man unterschied zwischen Oliven, die am Baum herangereift und solchen, die heruntergefallen waren (Fallobst). Schließlich beklagte man bereits die hohen Erntekosten der Pflücker, von denen zudem persönliche Reinheit verlangt wurde. Man liest über das Mahlen der Oliven und über das Pressen. Das aus unreifen Oliven gewonnene grüne Öl galt als das beste, und wichtig waren die Herkunft und das Anbaugebiet. Hinweise über die Beschaffenheit von Mühlanlagen wechseln sich ab mit Vorschlägen für die Lagerung des Öls. All dies gilt noch heute. Die Technik hat sich gewandelt, aber die Aufgabenstellung ist dieselbe, und die Probleme sind eigentlich die gleichen.

Blühender Olivenzweig der Sorte Coratina, Andria

Arbeitsmethoden und Herstellungstechniken in literarischen und archäologischen Quellen

Die Olivenölgewinnung gehört neben der Tierhaltung zweifellos zu den ersten und umfangreichsten Aktivitäten der Menschheit auf dem Ernährungssektor. Auch wenn inzwischen einige Jahrtausende vergangen sind, haben sich die Produktionsmethoden kaum verändert. Trotz des Einsatzes modernster Landwirtschaftstechnik spielen in vielen Ländern des Mittelmeerraumes bei der Olivenernte nach wie vor uralte Techniken eine große Rolle. So leisten elektronisch gesteuerte Schüttelmaschinen häufig die »grobe« Erntearbeit; doch die letzten noch am Baum verbliebenen Früchte werden schließlich immer noch mit langen Stöcken heruntergeschlagen.

Auf einer schwarzfigurigen Amphora aus Vulci, in Athen um 520 v.Chr. gefertigt und heute im Britischen Museum in London zu betrachten, ist eine Olivenernte mit Stöcken dargestellt. Man sieht drei Olivenbäume. Zwei Arbeiter schlagen mit Stöcken auf die Zweige und den Stamm des mittleren Baumes. In der Baumkrone sitzt ein Knabe, der ebenfalls mit einem Stock die Oliven herunterschlägt. Diese sammelt der am Boden kniende Junge in einen Korb. Nach dem römischen Gelehrten Varro sollten die Oliven grundsätzlich mit der Hand gepflückt werden. Falls notwendig, konnten dazu auch Leitern benutzt werden. Nur die höher hängenden Oliven durfte man sorgfältigst mit leichten Rohrstöcken herunterschlagen. Nach der Meinung von Plinius schädigte das Stangenschlagen die Bäume, und er erinnerte an ein uraltes Gebot für die Olivenpflücker: »Du sollst den Ölbaum nicht abstreifen und nicht schlagen.« Noch heute werden in vielen Ländern Oliven mit Stöcken heruntergeschlagen, und die Methode des Abstreifens der Zweige mit der Hand oder einem kleinen Handrechen ist überall verbreitet. Das gilt auch für das Auflesen und Einsammeln in Körben.

Zu Zeiten von Plinius dauerte es noch eine Weile, bis die Früchte ihren Weg vom Baum zum Kelterraum, dem *Torcularum*, fanden, wo die Mühlen, die *Mola olearia* oder das *Trapetum*, und die Ölpresse, das *Torculum*, aufgestellt waren. Eine Zwischenlagerung von einigen Tagen in einem Speicher- oder Lagerraum, dem *Tabulatum*, war oft nicht zu vermeiden, und eine Lagerung bekam den unverletzten Oliven natürlich weniger schlecht als denen, die Druckstellen hatten. So warnten denn alle Schriftsteller davor, die Oliven zu lagern. Heute verstreichen in der Regel höchstens 48 Stunden, bis die Oliven in den Mühlen zerquetscht und gepreßt werden. Jedenfalls in den Ölmühlen, die auf Qualität achten.

Um das Öl aus der Olive herauszuholen, waren schon immer zwei Vorgänge notwendig: das Zerquetschen oder Mahlen der Früchte sowie das sich anschließende Pressen des Olivenbreis. Das Zerquetschen geschah ursprünglich in den kleinen Handmörsern und Steintöpfen, wie wir sie im Museum von Haifa und im Magazin des Palastes von Phaistos auf Kreta kennengelernt haben. Sie fanden wohl ab dem 5. Jahrtausend v. Chr. Verwendung.

Amphora mit einer Darstellung der Olivenernte, Athen, 520 v. Chr., London, British Museum

Olivenernte mit Stöcken, Palombaio, Provinz Bari

Auf das Zerstampfen der Oliven mit abgerundeten Steinen folgte das Zerquetschen durch große säulenartige Steine, die man über den Oliven hin und her wälzte. Dann kam das Mühlrad auf. Seine Erfindung wird dem mythischen Aristaeus, Sohn der Kyrene und Apolls, Halbgott, Hirte und Nomade sowie Herrscher von Sardinien, zugesprochen. Dort soll er die Landwirtschaft und den Olivenanbau eingeführt haben. Columella unterschied, wie auch Plinius, bereits zwischen verschiedenen Typen von Mühlen und zog die *Mola olearia* dem *Trapetum* und dieses dem *Canalis et solea* vor.

Die *Mola olearia* besteht aus einem festen runden Bodenstein und einem radförmigen oberen Mahlstein, der sich senkrecht um eine Achse dreht, die in der Mitte des Bodensteines eingelassen ist. Der Mahlstein war so an der Achse angebracht, daß eine Höhenverstellung möglich war. Dies war wichtig, da man die Olivenkerne nicht zerquetschen wollte, weil sie – so Columella und Palladius – das Öl verschlechtern würden.

In Israel haben sich viele Fragmente dieser *Molae* aus unterschiedlichen Epochen erhalten. Die meisten von ihnen gehören der spätrömisch-byzantinischen Zeit – also dem 3. bis 6. Jahrhundert – an, wurden aber noch im Mittelalter und sogar noch in diesem Jahrhundert verwendet. Vielerorts dienen sie heute dekorativen Zwecken. So auch auf dem Vorplatz der Brotvermehrungs-Kirche in Tabgha am Westufer des Sees Genezareth aus der Mitte des 5. Jahrhunderts n. Chr. Man erkennt im Vordergrund den Basisstein für eine Schraubenpresse mit zeitlichen Aussparungen für die Haltepfosten der Schraube, sowie dahinter den runden Mahltisch mit konischem Mühlrad. In einem Wirtschaftsraum auf der Nordseite der aus dem Ende des 6. Jahrhunderts stammenden byzantinischen Klosterkirchenruine Kursi am Ostufer des Sees Genezareth steht dieser Mühlentyp zusammen mit

Fragmente einer Ölpresse (Schraubenpresse mit Gewicht) und einer Ölmühle (Mola Olearia) in der byzantinischen Kirche bei Kursi am See Genezareth, Ende des 6. Jhs

einer rekonstruierten Schraubenpresse noch am ursprünglichen Platz. Eine rekonstruierte Mola aus spätrömisch-byzantinischer Zeit, die noch im 17. Jahrhundert benutzt wurde, befindet sich im Hof des Olivenmuseums zu Haifa. Sie besteht aus einem gewaltigen runden Bodenstein und einem walzenähnlichen Mahlstein. Dieser war mit seiner hölzernen Achse an der senkrecht emporragenden Strebe des Bodensteines befestigt. Angetrieben wurde er fast

Fragmente einer Ölpresse (Schraubenpresse) und einer Ölmühle (Mola olearia), Mitte des 5. Jhs, Brotvermehrungskirche in Tabgha, See Genezareth

Rekonstruierte Ölmühle (Mola), römisch-byzantinisch, Haifa, Ölmuseum

ausschließlich mit menschlicher Kraft. Der Einsatz von Tieren ist so gut wie nirgends überliefert. Sieht man von den römischen Kornmühlen einmal ab, dann bediente man sich eines Pferdes, Maultieres oder Esels erst in der Neuzeit.

Das *Trapetum* besteht aus einem großen Steintrog oder Mörser, in dem sich zwei fast halbkugelförmige Mahlsteine um eine kurze senkrechte Mittelachse drehen. Mahlsteine, die man auf der griechischen

Ölmühle (Trapetum), römisch, vor 79, Pompei,
Magazinraum am Forum

Insel Chios und in Olynthos fand, lassen sich auf das 5. und 4. Jahrhundert v.Chr. datieren. Cato gibt in seiner *De Agricultura* eine ausführliche Beschreibung einer solchen Mühle. Damit war diese um 200 v.Chr. in Italien längst in Gebrauch, und zahlreiche Funde wie z.B. in Stabiae, Boscoreale, Pompei oder in einer Grotte bei Massafra in Apulien sowie Fragmente in Canne della Battaglia in Apulien bestätigen dies. Auch beim *Trapetum* konnte die Höheneinstellung der Mahlsteine so geändert werden, daß die Olivenkerne nicht zerdrückt wurden. Angetrieben wurde es ebenso wie die *Mola olearia* durch den Menschen.

Ölpresse mit Preßbalken
und Gewichten, um 1000 v. Chr.,
Haifa, Ölmuseum

Attischer Skyphos mit Ölpresse
aus dem 6. Jh. v. Chr.,
Boston, Museum of Fine Arts

Der dritte Mühlentyp und auch der älteste, *Canalis et solea*, rangierte bei Columella hinsichtlich seines Wertes und seiner Nützlichkeit erst an dritter und damit an letzter Stelle. Über das Aussehen ist man sich nicht ganz einig. Jedoch gehen die Vermutungen dahin, daß die kleinen Handpressen aus dem Museum von Haifa, aus dem Palast von Phaistos auf Kreta und aus dem Tempel Medinet Habu bei Luxor in Ägypten unseren Vorstellungen davon am ehesten entsprechen. Die Bezeichnung *Canalis et solea* kann man jedenfalls so deuten, daß man sich einen Steinblock oder eine große Tafel vorstellen muß, die von einer kreisförmigen Rinne mit Abfluß umgeben waren. Auf ihnen wurden dann die Oliven mit Holzschuhen zertreten oder mit Steinen, sei es durch Stoßen oder Wälzen, zerquetscht. Waren die Oliven zerquetscht, befreite man sie von den Kernen. Erst dann kam das Fruchtfleisch in die Presse. Man füllte auch Körbe mit den zerquetschten Oliven, die man mit Steinen beschwerte oder zertrat, so daß das Öl aus den Korbritzen abfließen konnte.

Es ist derselbe Vorgang wie bei der Traubensaftgewinnung. Eine attische Amphora, 540-530 v.Chr. entstanden, zeigt Silene bei der Weinlese und beim Keltern. Einer pflückt Trauben, ein zweiter schüttet sie in einen großen, auf einem tischähnlichen Gestell stehenden Korb, in dem ein dritter Silen die Trauben mit seinen Füßen zertritt. Der Tisch gehört ohne Zweifel dem Typ *Canalis et solea* an, denn er besitzt einen Abfluß, der von einer kreisförmigen Rinne gespeist sein dürfte. Unter dem Abfluß wird der ausgepreßte Saft von dem in die Erde eingelassenen Topf aufgefangen und schließlich von einem weiteren Silen zu einem größeren faßähnlichen Gefäß gebracht, wo der eigentliche Weingewinnungsprozeß stattfindet.

Mit dem Aufkommen der großen Pressen oder Ölkeltern wurde eine neue Ära in der Geschichte der Olivenölproduktion in der alten Welt eingeleitet. Eine Olivenpresse mit Preßbalken (z.T. rekonstruiert) und Steingewichten im Museum von Haifa stellt ein Modell dar, das um 1000 v.Chr. aufkam und noch im 17. Jahrhundert in Gebrauch war. Das Volk der Philister, von dem wir oben berichteten, benutzte Pressen dieser Art.

Attische Amphora mit kelternden Silenen,
um 530 v.Chr., Würzburg, Martin von Wagner Museum

Preßmatten mit zermahlenen Oliven, Haifa, Ölmuseum

Fragment einer römischen Ölmühle (Trapetum),
Canne della Battaglia, Apulien

Rekonstruierte Öl- und Weinpresse mit Preßbalken und Seilwinde, erste Hälfte des 1. Jhs, Pompei, Villa dei Misteri

Die in einem separaten Steintrog zerstampften Oliven wurden in geflochtene Preßmatten gefüllt und auf einen an seiner Oberfläche geglätteten Steinblock gelegt. Unter dem Druck eines in eine Wand eingelassenen Balkens, den man zudem mit Steinen beschwerte, sammelte sich das Öl zunächst in einer Rille, bevor es in ein Gefäß abfloß. Das aufgefangene Öl wurde in größere Behälter geschüttet, wo sich das Wasser vom Öl trennte, so daß dieses von der Oberfläche abgeschöpft werden konnte. Auf einem attischen Trinkgefäß ist eine Darstellung zu sehen, die trefflich die Handhabung dieser Olivenpresse veranschaulicht. Die rechte Seite zeigt ein Gestell (Preßtisch) auf dem einige mit zerquetschten Oliven gefüllte Preßmatten gestapelt sind, die von einem mächtigen Holzbalken zusammengedrückt werden. An ihm befestigt die Person links zwei große Steingewichte mit Seilen, während der am Balken Hängende durch sein Gewicht den Druck auf die Oliven zu erhöhen versucht. Unter ihm fließt das ausgepreßte Öl in ein Gefäß.

Ähnlich im System ist eine Presse, die in einem Raum der Villa dei Misteri in Pompei steht. Statt der Gewichte benutzte man hier eine Seilwinde, mit deren Hilfe der Preßbalken nach unten gezogen werden konnte. Allerdings ließ sich der schwere Balken mittels eines Seiles, das über eine an der Decke befestigte Rolle lief, damit auch anheben. Grundsätzlich verwendete man dazu auch Flaschenzüge. Das andere Ende des Balkens steckte gewöhnlich zwischen zwei senkrecht stehenden Holzpfählen, hier jedoch nur in einem. Die Höhe des Balkens regulierte man mit Holzkeilen. Die Presse in Pompei stellte eine Rekonstruktion dar. Sie diente zum Auspressen von Weintrauben und von Oliven. Beim Ausbruch des Vesuvs im Jahre 79 verbrannte das Original, von dem sich jedoch Reste erhalten haben. In einem Nebenraum fand man außerdem acht gewaltige, in das Erdreich eingelassene Ölkrüge.

Ölpresse mit höhenverstellbarem Preßbalken und Holzschraube (Vorder- und Rückseite), römisch-byzantinisch, Haifa, Ölmuseum

Einen Fortschritt in der Technik des Olivenpressens stellte die Einführung der Holzschraube dar. Nach Plinius war sie eine Erfindung der Griechen und war rund 100 Jahre vor ihm, also um 50 v. Chr., das erste Mal benutzt worden. Die Holzschraube war an einem freien Ende des sich nun gabelnden Preßbalkens befestigt und konnte mit Hilfe eines über der Gabel angebrachten Querbalkens mit einem Gewinde nach oben und unten gedreht werden. Ihr unteres Ende steckte in einem freischwebenden Steingewicht. Drehte man die Holzschraube nach unten, dann wurde der Preßbalken, dessen anderes Ende zwischen zwei Steinpfosten eingeklemmt war, angehoben. Beim Drehen nach oben in die entgegengesetzte Richtung wurde der Balken nach unten gezogen, bis er auf den unter ihm aufgetürmten Preßmatten zu liegen kam. Drehte man weiter, hob sich das bis jetzt noch auf dem Boden einer Vertiefung ruhende Steingewicht der Holzschraube und erhöhte nun seinerseits den Druck des Preßbalkens. Zusätzlich brachte man weitere Gewichte am Balken an. Die beiden Steinpfosten, zwischen denen das andere Ende des Preßbalkens steckte, waren so eingerichtet, daß die Höhe des Balkens durch Querhölzer eingestellt werden konnte. Den Preßvorgang begann man mit einer sehr hohen Einstellung des Balkens, entsprechend der Höhe der unter ihm aufgetürmten und mit zerquetschten oder zermahlenen Oliven gefüllten Preßmatten. Das heißt, daß alle Querhölzer so durch die beiden Steinpfosten geschoben worden waren, daß sie sich unter dem Preßbalken befanden. Mit dem auslaufenden Öl verringerte sich die Höhe der Preßmatten und somit auch der Druck des Balkens. Um den Druckabfall auszugleichen, wurden erst ein Querholz, dann ein weiteres und schließlich alle Hölzer unter dem Balken herausgezogen und über ihm wieder mit Hämmern durch die Steinpfosten getrieben. So wurde der Balken immer weiter abgesenkt, bis kein Öl mehr heraustropfte. Das Öl fing man teils in Krügen auf oder leitete es direkt durch Röhrchen in die Steintröge im Boden, wo sich das schwerere Wasser, die *Amurca*, absetzte und das an der Oberfläche schwimmende Öl abgeschöpft werden konnte. Fast alle diese Anlagen haben sorgfältig gemauerte rechteckige Gruben im Erdreich. Von dort aus bedienten die Arbeiter die Anlage. Systeme der hier vorgestellten Art waren im ganzen Römischen Reich verbreitet und sind sogar noch heute in einigen nordafrikanischen Ländern vereinzelt in Gebrauch.

In Israel, besonders in den verkarsteten und zum Teil bewaldeten Hügellandschaften Obergaliläas bei Qseir, Zibdi und Carcara, haben sich zahlreiche Olivenmühlen und Pressen erhalten. Einst von riesigen Olivenhainen umgeben, sind sie heute nur noch steinerne Monumente, die Zeugnis ablegen von der hochentwickelten Ölbaum- und Olivenkultur vergangener Tage. Den Resten einer Anlage aus römischer Zeit begegnen wir bei Zibdi. Zwischen den beiden Steinpfostenpaaren sind zwei Preßbalken zu ergänzen. Man erkennt außerdem zwei runde Preßtische mit ringförmiger Rille, vier Steintröge, zwei Gewichte und (auf der Abbildung oben rechts) die Reste eines *Trapetum*, einer Mühle. Die byzantinische Anlage bei Qseir aus dem 4.-5. Jahrhundert besaß nur einen

Preßbalken, der zwischen den Steinpfosten (auf der Abbildung vorne) angebracht war. In dem kleinen Schacht oben im Bild ruht noch das runde Steingewicht, das mit einer Holzschraube am Preßbalken befestigt war. Die große mit Steinen gerahmte kreisrunde Öffnung (in der Mitte der Abbildung) war gleichzeitig der Preßtisch und das Auffangbecken für das Öl. Von seinem Rahmen leiteten sechs bis sieben Rinnen das Öl zur Beckenmitte. Unmittelbar daneben (auf der Abbildung oben) die rechte Grube zum Bedienen der Presse und rechts die Reste der Mühle des Typs *Mola olearia.*

Ebenfalls aus byzantinischer Zeit, dem 4.-5. Jahrhundert, stammt die Anlage bei Carcara, die heute von einem dichten Wald überwuchert ist. Neben der obligatorischen Mühle, hier ein *Trapetum,* erkennt man ein Pressensystem für zwei Preßbalken, die jeweils zwischen einem Steinpfostenpaar eingezwängt auf der Abbildung nach vorne links und rechts führten. Die Steingewichte in Form von Säulentrommeln und mit tiefer Kerbe, die in den Gruben im Vordergrund zu erkennen sind, lassen auf das Holzschraubensystem schließen. In der Mitte der Anlage befinden sich vier kreisrunde Öffnungen zum Auffangen und Abschöpfen des Öls. Zu beiden Seiten Bedienungsgruben und oben vor den Pfostenpaaren je ein Preßtisch. Auch diese Mahl- und Preßsysteme der römischen und byzantinischen Epochen Israels waren einst überall im Mittelmeerraum verbreitet. Dort sind sie zum Teil noch heute in Gebrauch.

Reste einer römischen Ölpresse (S. 102 und 103 oben) für zwei Preßbalken und eines Trapetum, Zibdi, Obergalilea

Byzantinische Ölmühle vom Typ Trapetum, 4.-5. Jh., Carcara, Obergalilea

Pressensystem
für zwei Preßbalken (nächste Seite),
4.-5.Jh., Carcara, Obergalilea

Fresko mit Olivenöl herstellenden Putten, vor 79, aus Herculaneum, Neapel, Museo Nazionale

Reste einer Ölpresse für zwei Preßbalken und einer Mühle vom Typ Mola olearia (vorhergehende Seite), 4.-5. Jh., Qseir, Obergalilea

Einer mit dem System der Stein- oder Holzpfosten verwandten Art der Ölkelter begegnen wir auf zwei Fresken. Das eine kommt aus Herculaneum und befindet sich im Museo Nazionale in Neapel. Das andere, an der Wand eines Raumes in der Casa dei Vetti zu Pompei, wurde bereits bei der Herstellung von Parfüm vorgestellt. Beide zeigen eine Ölpresse, die von Eroten bedient wird. Zwei in den Boden eingelassene Holzpfosten sind im oberen Bereich durch ein starkes Querholz miteinander verbunden. Im unteren Teil ist ein steinerner Preßtisch mit breiter Abflußrinne zu erkennen, über die Öl in ein rundes Gefäß fließt, das aus den mit zermahlenen Oliven gefüllten Preßmatten tropft. Zwei Eroten sind dabei, mit Hämmern runde Keile zwischen mehrere Quermatten zu treiben, um so den notwendigen Druck auf die Preßmatten zu erzeugen. Ein dritter Eros links erhitzt unter ständigem Rühren das Öl- und Wassergemisch auf einem Ofen, um so das Wasser verdampfen zu lassen. Das verbleibende Öl wird dann mit Duftstoffen angereichert. Der Unterschied zu den vorausgegangenen Systemen ist der, daß durch die Verlegung des Preßtisches genau zwischen die Holzpfosten der große Preßbalken überflüssig geworden ist. Der Druck, der zwischen den Holzpfosten erzeugt wird, überträgt sich direkt auf die auszupressenden Oliven.

Ähnlich verhält es sich auch bei der um die Mitte des 1. Jahrhunderts aufkommenden sogenannten Schraubenpresse, die noch bis ins 20. Jahrhundert im ganzen Mittelmeerraum Verwendung fand. Das System des Preßbalkens, an dessen Ende eine Holzschraube mit einem Steingewicht angebracht war und so den Balken beschwerte, haben wir bereits kennengelernt. Jetzt formte man einen großen Steinblock so, daß man an seinen Außenseiten oder in dafür vorgesehenen Löchern die beiden senkrechten Holzpfosten befestigen konnte. Der mittlere Stein war als Preßtisch mit kreisrunder Fläche, erhöhtem Rand oder umlaufender Rinne und Abflußöffnung gearbeitet. Über ihm die Schraube, die ihre Führung von dem Gewinde des Querbalkens erhält, der die Pfosten oben miteinander verbindet. Die Schraube hatte jetzt selber in direkter Weise die Aufgabe des Pressens übernommen. In einigen Fällen half man durch Steingewichte nach, so z.B. bei der rekonstruierten Presse in der Klosterkirche Kursi am See Genezareth. Etwas einfacher zeigt sich der wahrscheinlich fehlerhaft rekonstruierte Typ einer Schraubenpresse in Pompei. Hier verzichtete man auf ein zusätzliches Steingewicht am Fuß der Schraube.

Rekonstruierte Ölpresse mit Holzschraube, vor 79, Pompei

Vom Judentum zum Christentum

»Ihr sollt nicht wähnen, daß ich gekommen bin, das Gesetz oder die Propheten aufzulösen. Ich bin nicht gekommen aufzulösen, sondern zu erfüllen.« Mit diesen Worten bekräftigte Jesus nicht nur den Glauben an den Monotheismus und seine Übernahme aus dem Alten in das Neue Testament, aus dem Judentum in das Christentum, sondern auch die Beibehaltung von Gesetzen sowie bestimmter Sitten und Gebräuche. Das wechselvolle Leben Jesu war reich an Episoden, bei denen althergebrachte hebräische Bräuche eine wichtige Rolle spielten. So weit man zurückdenken kann, hatten der Olivenbaum und sein Öl einen festen Platz im Leben der Hebräer, und heiliges Öl, Balsam- und Salböl waren wesentliche Bestandteile bei vielen Kult- und Sakralhandlungen. Dieses änderte sich im Christentum kaum; so stoßen wir überall in der Bibel auf Olivenöl und auf die vielfältigen Arten seiner Anwendung. Häufig ist die Rede von der Salbung zum Priester, ebenso wird die Salbung von Altären und liturgischen Geräten erwähnt. So heißt es bei Moses:

Und Mose nahm das Salböl und salbete die Wohnung und alles, was darinnen war, und weihete es. Und sprengete damit siebenmal auf den Altar und salbete den Altar mit allen seinem Gerät, das Handfaß mit seinem Fuß, daß er geweihet würde. Und goß des Salböls auf Aarons Haupt und salbete ihn, daß er geweihet würde.

An zahlreichen Stellen in der Bibel wird die Königssalbung der Juden erwähnt. So berichtet der Prophet Samuel von der Salbung des Benjamiten Saul zum König um 1027 v.Chr.: »Da nahm Samuel ein Ölglas und goß auf sein [Sauls] Haupt, und küssete ihn und sprach: Siehest du, daß dich der Herr zum Fürsten über sein Erdteil gesalbet hat?« Und nur zwanzig Jahre später – um 1007 v.Chr. – salbte Samuel einen anderen, nämlich David aus dem Stamme Juda, zum König: »Da nahm Samuel sein Ölhorn und salbete ihn mitten unter seinen Brüdern.« Dasselbe geschah mit Salomon, dem Sohn Davids, der um 968 v.Chr. von dem Priester Zodok zum König gesalbt wurde.

Ein »Gesalbter« war auch Jesus von Nazareth, denn seine Beinamen Christus und Messias bedeuten nichts anderes als »der Gesalbte«. Jesus hatte schon kurz nach seiner Geburt die Bekanntschaft mit Salböl gemacht. Es war ihm von einem der Heiligen Drei Könige geschenkt worden. Während die anderen beiden Könige Gold und Weihrauch vor dem Jesusknaben ausbreiteten, überreichte er ein Gefäß mit Myrrhen. Das Wort Myrrhe kommt aus dem Griechischen und bedeutet eigentlich Pflanzensaft. Man verwendet es jedoch ausschließlich als Bezeichnung für Olivenöl, das mit wohlriechenden Kräutern angereichert ist. Das Salböl war ein wahrhaft königliches Geschenk, dessen Kostbarkeit und Handelswert auch an anderer Stelle deutlich wird: Jesus war mit seinen Jüngern in Bethanien bei Lazarus zum Essen eingeladen. Anwesend war auch Maria, die Schwester des Lazarus. Nach Johannes hatte sich dabei folgendes zugetragen:

Da nahm Maria ein Pfund Salbe von ungefälschter köstlicher Narde und salbte die Füße Jesu und trocknete mit ihrem Haar seine Füße; das Haus aber ward voll vom Geruch der Salbe. Da sprach Judas Ischarioth: »Warum ist diese Salbe nicht verkauft und für 300 Groschen den Armen gegeben?

Steinrelief mit Frauen am Grab Christi, romanisch, Anfang des 12. Jhs, Monte San Angelo, Tomba dei Rotari

Kein Salbungsvorgang hat in der christlichen Religion einen so hohen Stellenwert erlangt, wie die Salbung des Leichnams Christi. Josef von Arimatäa hatte sich von Pilatus den Leichnam Christi erbeten, um ihn in einem neuen Grab, das sich in seinem Garten befand, zu bestatten. Daraufhin wurden von Nikodemus für das Begräbnis Myrrhen und Aloe untereinander bei

Romanisches Fresko aus der Grottenkirche San Vito Vecchio, um 1200, Gravina, Museo Pomarici Santomasi

Grabeskirche in Jerusalem

Fragment des Sargdeckels (rechts)
vom Sarkophag des hl. Nikolaus, römisch, Myra,
Grabeskirche des hl. Nikolaus

100 Pfunden mitgebracht«. Auch die Frauen Maria Magdalena, Maria Jacobi und Salome hatten nach Lukas und Markus Spezereien und Salben bereitet, um sie zum Grabe zu bringen und den Leichnam Christi damit zu salben. Wie es der Begräbnissitte der Juden entsprach, banden sie den Leichnam zusammen mit den Spezereien in leinerne Tücher und legten ihn dann in das Grab. Auf einem Relief, es stammt aus dem frühen 12. Jahrhundert, über dem Eingang eines mysteriösen Bauwerkes, der Tomba dei Rotari in Monte San Angelo auf dem Monte Gargano in Apulien sieht man Frauen mit Salbölgefäßen auf dem Wege zum Grabe Christi. Dieses Motiv erkennt man auch auf einem Fresko in der Grottenkirche San Vito Vecchio in Gravina, Apulien, um 1200. Die Gefäße ähneln denen, die wir bei den Griechen und Römern kennengelernt haben.

Die Stelle, an der der Leichnam Jesu nach katholischer Überlieferung gesalbt worden sein soll, befindet sich im Inneren der Grabeskirche in Jerusalem gleich beim Eingang. Sie wurde mit einer großen Steinplatte, dem Salbungsstein, markiert. In der Zeit der Kreuzfahrer wurde er zum ersten Mal erwähnt. Der Stein, der sich jetzt dort befindet, stammt aus dem Jahre 1810. Jedes Jahr zu Ostern wird die Salbung des Leichnams von Jesus Christus symbolisch durch Ausschütten von Chrisamöl auf dem Stein feierlich vollzogen. Der Salbungsstein ist gemeinsamer Besitz der in der Grabeskirche vertretenen Konfessionen. Dies wird auch in den Öllampen zum Ausdruck gebracht, die über ihm aufgehängt sind und von denen jeweils eine einer Konfession gehört.

Erwähnenswert ist auch ein früher am Grab des heiligen Nikolaus in seiner ehemaligen Grabeskirche in Myra, in der südlichen Türkei, praktizierter Kult. Bei Untersuchungen in dieser Kirche haben deutsche Archäologen unlängst vier Fragmente eines marmornen Sarkophagdeckels als die Reste eines attischen Sarkophages identifizieren können, in dem mit großer Wahrscheinlichkeit die sterblichen Überreste des heiligen Nikolaus ruhten. Schon zu Lebzeiten hatte der Heilige große Wunder vollbracht. Und nach seinem Tod war seine Grabstätte das Ziel zahlreicher Pilger geworden, die Heil und Genesung suchten. Dies und die Gefahr durch die Seldschuken, die die christlichen Stätten im vorderen Orient bedrohten, bewog die Bareser im Jahre 1087, die Gebeine des Heiligen zu bergen, ihn nach Bari zu überführen und ihm dort eine würdige Ruhestätte zu errichten, die Basilica di San Nicola. Einer der Mitfahrenden, der Mönch Nicephor, berichtet, daß die Kauffahrer den Fußboden vor dem Altar in der Kirche von Myra geöffnet und einen Sarkophag gefunden hätten. Darinnen sahen sie den Heiligen in einer Flüssigkeit schwimmen, der so ein angenehmer Duft entstieg, daß jedermann glaubte, im Paradies zu sein. Dann seien sie hinabgestiegen in das heilige Öl, um die Gebeine zu bergen und in weiße Tücher zu wickeln.

War dies nun ein Bericht, entstanden aus religiösem Übereifer und aus Freude über die Auffindung der Gebeine, oder verbirgt sich dahinter eine realistische, den Tatsachen entsprechende Beobachtung? In den jetzt in Myra aufgefundenen Sarkophagdeckel-Fragmenten konnte man zwei trichterförmige Öffnungen ausmachen, die in das Innere des Sarkophages führten. Von anderen christlichen Sarkophagen, besonders in Nordsyrien, kennt man außerdem noch zwei weitere Öffnungen im unteren Bereich des Sarkophagkastens. Auch ein Sarkophag in einem Grabbau in Karabell, in den Bergen unweit von Myra, besitzt diese Öffnungen. In ihm vermutet man das Grab des

Abtes Nikolaus vom Kloster Sion, der in der ersten Hälfte des 6. Jahrhunderts lebte und dessen Vita all die Wundererzählungen enthält, die im Laufe der Zeit auf Nikolaus von Myra übertragen wurden. Die trichterförmigen Öffnungen konnten nur einem Zweck dienen: dem Eingießen von Flüssigkeiten. In der Tat ist uns überliefert, daß man in die Öffnungen im Deckel eines Sarkophages Öl goß, daß man unten wieder auffangen konnte. Dieses Öl, das mit Duftstoffen angereichert war, berührte die Reliquien des Heiligen und galt somit als heilspendendes Öl. Die Mönche füllten es ab und gaben es den Gläubigen mit. In Myra wurde dieses Öl als wundertätiges Myron am 6. Dezember, dem Tag des heiligen Nikolaus, aus seinem Grab gewonnen und den Pilgern überreicht. Dieser Brauch war im 4. Jahrhundert an den Grabstätten von Märtyrern und Thaumaturgen (Wundertätern) weit verbreitet. Diese Heiligen hatten den Beinamen Myroblyten. Nicht auszuschließen ist, daß der Name der Stadt Myra, in der Nikolaus wirkte und begraben lag, deshalb mit diesem Kult in Verbindung gebracht oder gar von ihm abgeleitet werden kann.

In der christlichen und besonders in der katholischen Religion wird die Weihe der Öle in einem besonders feierlichen Ritus vorgenommen. Sie erfolgt gemäß der Liturgie unter dem Vorsitz des Diözesanbischofs in den Kathedralen der katholischen, griechisch-orthodoxen und armenischen Kirche. In Anwesenheit des gesamten Klerus der Diözese werden am Gründonnerstag in der Chrisam-Messe die Öle in kostbaren Gefäßen zum Altar gebracht und vom Bischof selbst geweiht sowie ihrer Bestimmung übergeben. In vielen Sakramenten ist eine Salbung mit geweihtem Öl vorgesehen. Das Öl wird in drei Arten eingeteilt: Krankenöl, Katechumenöl und Chrisamöl. Dem Kranken dient die Salbung als Zeichen der Gesundung mit Hilfe des Heiligen Geistes. Zudem besitzt sie eine entsündigende Wirkung. Dem Sterbenden ist sie

Salbstein,
Vorraum der Grabeskirche
in Jerusalem, um 1800

Weihe der Öle,
Bari, Kathedrale

Todesweihe und Vorbereitung auf die Begegnung mit Gott. Mit dem Katechumenöl salbt man den Taufbewerber, den es gegen das Böse und die Sünde stärken soll. Während Kranken- und Katechumenöl reine Olivenöle sind, besteht das Chrisam aus Olivenöl, das mit dem Aroma der Balsamstaude vermischt zu einem wohlduftenden Salböl wird. Mit ihm wird bei der Taufe, bei der Firmung sowie bei der Priester- und Bischofsweihe gesalbt, ebenso bei der Weihe von Kirchen, Altären und liturgischem Gerät.

Zweitausend Jahre Christentum haben den Ölbaum und besonders sein Öl zu unverzichtbaren Elementen des Kirchenalltags und der heiligen Sakramente werden lassen. Das gilt auch für den Ölzweig. Besonders am Palmsonntag spielt er eine wichtige Rolle. Einst war Jesus an diesem Tag auf einer Eselin reitend in Jerusalem durch das Goldene Tor eingezogen. Begrüßt wurde er von vielen Gläubigen, die Palmwedel und Olivenzweige schwenkten. In den katholischen Mittelmeerländern fand dies Eingang in die Palmsonntagsprozessionen: Man trägt Ölzweige als Symbol des Friedens und schenkt sie als Zeichen der Freundschaft.

Jerusalem: Blick vom Ölberg auf die Stadtmauer mit dem Goldenen Tor

Lampen, Krüge, Schnitzereien

Als einer unserer prähistorischen Vorfahren, vielleicht nur aus Zufall, zwei Kieselsteine aneinanderrieb und somit das erste Feuer entfachte, hielt der Sonnengott Helios vermutlich voller Staunen seinen von vier Flügelpferden gezogenen Wagen an, und Luna, die Mondgöttin, versuchte, die dunkle Nacht noch mehr mit ihrem Glanz zu erhellen, um die neue Erdenkonkurrenz aus dem Felde zu schlagen. Vielleicht sandte Zeus auch gleich mehrere Blitzbündel unter Donnergrollen über den Himmel, um den Menschen zu beweisen, daß seine göttliche Leuchtkraft noch immer die stärkste war. Was für uns heute die elektrische Glühlampe ist, war für unsere Großeltern die Gas- und Petroleumlampe und für unsere Vorfahren das Herdfeuer, die Kienspanleuchte, die Fackel und natürlich die Öllampe. Kein Volk des Mittelmeerraumes, das mit ihr nicht seine Häuser, Paläste und Tempel beleuchtete. Allen voran die Griechen und Römer, deren »Industrie« mit unerschöpflicher Phantasie ungeheure Mengen dieser kleinen Lampen herstellte. Bevorzugte Materialien waren Ton, Bronze sowie Silber und Gold. Hierbei sei noch einmal an den von Homer erwähnten goldenen Leuchter der Athener erinnert und an Pausanias' Bericht über die goldene Lampe vor dem Standbild der Athene im Erechtheion auf der Akropolis in Athen.

Eine der ausführlichsten und ältesten, um 1000 v. Chr. entstandenen Beschreibungen einer Öllampe ist die des goldenen siebenarmigen Leuchters, der *Menora*, im Alten Testament. Moses war auf den Berg Sinai gestiegen, wo Gott ihm und dem israelischen Volke auftrug, ein Heiligtum zu errichten und neben anderen Geräten einen Leuchter anzufertigen:

Du sollst auch einen Leuchter von feinem dichten Golde machen; daran soll der Schaft mit Röhren, Schalen, Knäufen und Blumen sein.
Sechs Röhren sollen aus dem Leuchter zu den Seiten ausgehen, aus jeglicher Seite drei Röhren. Eine jegliche Röhre soll drei offene Schalen, Knäufe und Blumen haben; das sollen sein die sechs Röhren aus dem Leuchter. Aber der Schaft am Leuchter soll vier offene Schalen mit Knäufen und Blumen haben. Und je einen Knauf unter zwo Röhren, welcher sechs aus dem Leuchter gehen. Denn beide, ihre Knäufe und Röhren, sollen aus ihm gehen; alles ein dichtes lauteres Gold. Und sollst sieben Lampen machen oben, auf daß sie gegeneinander leuchten; und Lichtschnäuzen, und Löschnäpfe von feinem Golde. Aus einem Centner feinen Goldes sollst du das machen, mit allem diesem Geräthe. Und siehe zu, daß du es machest nach ihrem Bilde, das du auf dem Berge gesehen hast.

Griechische und römische Öllampen, Tarent, Museo Nazionale

Relief mit dem siebenarmigen Leuchter, der Menora, Ende des 1. Jhs, Rom, Titusbogen

Das Öl zur Lampe sollte Moses vom israelischen Volk erbitten und »den Kindern Israels gebieten, daß sie das allerreinste lautere Öl, von Ölbäumen gestoßen, bringen, zur Leuchte, das man allezeit oben in die Lampen tue«. In der Tat befand sich im Allerheiligsten des Salomonischen Tempels zu Jerusalem ein siebenarmiger Leuchter, der der obigen Schilderung nahekam. Im Jahre 169 v. Chr. wurde der Tempel von dem Syrerkönig Antiochus IV. geschändet, der Menora-Leuchter zerstört und der jüdische Jahwe-Kult verboten. Dieser wurde jedoch kurz darauf wieder von dem Hasmonäer Judas Makkabäus eingeführt und ein neuer siebenarmiger Leuchter aufgestellt. Es ist derselbe, den die Römer unter dem Oberbefehl von Titus

Fußbodenmosaik mit Darstellungen der Menora, 4. Jh., Tiberias Hammat, Jüdische Synagoge, See Genezareth

bei der Eroberung Jerusalems im Jahre 70 im Tempel des Herodes fanden und mit anderen Schätzen nach Rom brachten. Dort ist er auf dem Titusbogen dargestellt. Die Menora war und ist ein Kultgerät der jüdischen Synagoge. In einer ehemaligen Synagoge im Jordantal, Bet Alfa aus dem 6. Jahrhundert, ist sie zweimal auf dem Mosaikfußboden abgebildet. Ebenso auf dem Mosaikfußboden der ehemaligen Synagoge in Tiberias-Hammat aus dem 4. Jahrhundert.

Jüdische Chanukka-Lampe (Lichterbank), Ende des 18. Jhs, Schweinfurt, Städtische Sammlung

Die von Judas Makkabäus wiederaufgenommene Kultausübung im Tempel hatte die Entstehung eines Kultes mit einer anderen Öllampe zur Folge, dem Chanukka-Leuchter. Unser Beispiel zeigt ein Exemplar aus dem Ende des 18. Jahrhunderts. Zum ständigen Gedenken an die Wiederaufnahme des Tempeldienstes und seiner Weihung wurde am 25. Kislew 165 (164) v. Chr. das Fest der Tempelweihe, Chanukka, eingeführt. Es dauerte acht Tage und wird noch heute alljährlich gefeiert. Eine der im Talmud enthaltenen Legenden weiß zu berichten, daß ein bei den Aufräumungs- und Wiederherstellungsarbeiten aufgefundenes reines Ölkrüglein soviel Öl enthielt, daß es acht Tage eine Lampe speiste, die zur Beleuchtung des Tempels ausreichte. Diese Leuchte erhielt den Namen Chanukka-Leuchter und wurde zum Kultgerät. Sie enthält acht Lichter und oft ein neuntes als Bedienungslicht. Während des achttägigen Festes wird am ersten Tag zuerst ein und an den folgenden Tagen jeweils ein weiteres Licht angezündet. Den Chanukka-Leuchter gibt es in zwei Ausführungen, einmal als Kandelaber, dann als Lichterbank mit Rückwand. Der Kandelaber wird vorwiegend in der Synagoge und die Lichterbank im Haus verwendet.

Ein weiteres Kultgerät ist die sogenannte Sabbat-Lampe. Sie ist eine Hängelampe mit sechs bis zwölf Lichtern. Das Beispiel aus den Städtischen Sammlungen Schweinfurt besitzt einen sechsflammigen Stern mit einer kleinen Vorratsschale für Dochte. Am Sabbat durfte der strenggläubige Jude kein Licht anzünden. So wurde bereits am Vorabend die Lampe angesteckt und gab somit Licht für den ganzen Sabbat. Daher der Name.

Jüdische Sabbat-Lampe, 19. Jh.,
Schweinfurt, Städtische Sammlung

Eingangs hatten wir von den Ölstiftungen des Pharaos Ramses III. für die Lampen am Tempel des Ra gesprochen, von denen wir nicht wissen, wie sie aussahen. Im Grab des Tut-ench-Amun im Tal der Könige bei Luxor fand man jedoch Lampen aus Alabaster, die wohl zu den schönsten Öllampen überhaupt zählen. Sie werden heute im Ägyptischen Museum in Kairo aufbewahrt. Die hier vorgestellte dreiteilige Lampe ist aus einem einzigen durchscheinenden Alabasterstück gearbeitet. Sie stellt eine Lotospflanze in einem Teich dar, auf dessen Wasseroberfläche die seitlichen Blätter zu schwimmen scheinen. Die Blütenkelche wurden mit Öl gefüllt. Brannten die auf dem Öl schwimmenden Dochte, verbreitete sich ein einzigartiger Lichtschimmer, der durch die Alabaster-Blütenkelche nach außen strahlte.

Im Jahre 1922 hatte der Engländer Howard Carter das märchenhafte Glück, das Grab Tut-ench-Amuns mit seinen Schätzen zu entdecken. Wirklich »märchenhaft« war aber das Glück eines anderen Schatzsuchers, der eine ganz besondere Öllampe fand. Es ist der Titelheld, der in den *Erzählungen aus 1001 Nacht* enthaltenen Geschichte »Aladin und die Wunderlampe«. Wer möchte nicht auch eine Öllampe in einer Schatzhöhle finden und beim Säubern und Abreiben derselben plötzlich einen dienstbaren Geist oder Dämon vor sich stehen sehen, der einen mit den Worten anredet: »Sprich, was willst du von mir? Hier bin ich, ich bin dein Diener, ich bin der Diener dessen, der die Lampe in der Hand hält, doch nicht nur ich allein, sondern alle Diener der Wunderlampe, die in deiner Hand ist«. Und wenn dann alle Wünsche erfüllt werden, beginnend mit einem köstlichen Mahl – natürlich in goldenen Schüsseln auf silbernem Tisch und endend in den Armen einer schönen glutäugigen Königstochter, kann man sich darauf berufen, daß dies von Allah vorbestimmt war. Wer eine solche Wunderlampe nicht besitzt und auch nicht findet, der sollte sich vielleicht damit trösten, daß er sein Glück ja im Reich der Träume machen kann.

Die im 16. und 17. Jahrhundert in Ägypten niedergeschriebenen Geschichten aus tausendundeiner Nacht haben ihren Ursprung im 9. Jahrhundert und befassen sich mit den Wundervorkommnissen während der Amtszeit des Beherrschers aller Gläubigen, des Kalifen Harun al Raschid (766-809). In vielen Erzählungen spielen Olivenöl und Oliven eine wichtige Rolle. Es sei nur an die Geschichte »Ali Baba und die vierzig Räuber« und an »Die Geschichte von Ali Chawadscha und dem Kaufmann von Bagdad« erinnert. In der ersteren hatte der als Ölhändler verkleidete Räuberhauptmann im Hause des Ali Baba Aufnahme gefunden. Mit ihm waren 38 Räuber. Die hatten sich aber in Ölschläuchen verborgen. Der Hauptmann war Besitzer der Schatzhöhle, die Ali Baba entdeckt hatte. Deshalb wollte er Ali Baba töten. Dieser ahnte jedoch nichts Böses. In der Nacht ging das Öl für die Lampen aus. Die Dienerin Mardschana wollte sich etwas Öl aus den Schläuchen holen. Dabei merkte sie, daß nur in zwei Schläuchen Öl war, sich in den anderen aber die Räuber verborgen hielten. Schlimmes für ihren Herrn Ali Baba ahnend, aber ohne ihm davon etwas zu sagen, erhitzte sie das vorgefundene Öl und goß es in die Schläuche mit den Räubern, die so ihren Tod fanden. Auch der Hauptmann mußte später durch die Hand der treuen und schlauen Dienerin Mardschana sterben, die dann die Gemahlin von Ali Baba wurde.

Alabaster-Lampe aus dem Grab des Tut-ench-Amun, um 1325 v. Chr., Kairo, Ägyptisches Museum

In der »Geschichte von Ali Chawadscha und dem Kaufmann von Bagdad« werden frische Oliven einem betrügerischen Kaufmann bei einer Urteilsverhandlung zum Verhängnis. Ali hatte vor einer Pilgerreise nach Mekka all sein Hab und Gut verkauft. In einen Krug legte er 1000 Golddinare und bedeckte sie mit Oliven. Darauf bat er einen befreundeten Kaufmann, den Krug mit Oliven für ihn aufzuheben. Dann reiste er ab. So vergingen fast sieben Jahre, und Ali war noch immer nicht zurückgekehrt. Eines Tages wollte der Kaufmann nach den Oliven sehen und fand diese verschimmelt vor. Beim Ausschütten entdeckte er die Goldstücke. Von Gier gepackt nahm er sie beiseite und füllte den Krug mit frischen Oliven auf. Wenige Tage später kam Ali von seiner Reise zurück und bat um den Krug. Zu Hause entdeckte er den Schwindel. Bestürzt eilte er zu dem Kaufmann. Doch dieser wies ihn, seine Unschuld beteuernd, entrüstet ab. Vor dem Kadi konnte Ali nicht zu seinem Recht kommen, da er nicht beweisen konnte, daß er die Goldstücke in den Krug getan hatte. Aber am selben Abend machte der Beherrscher aller Gläubigen, Kalif Harun al Raschid, mit seinem Großwesir einen seiner üblichen Gänge durch Bagdad, um zu erfahren, was das Volk so treibe und denke. Dabei sah er mehrere Knaben, die eine Gerichtsszene spielten. Einer der Knaben war der Kadi, ein anderer Ali, der Anklage erhob, und ein dritter stellte den beschuldigten Kaufmann dar. Nachdem Ali sein Anliegen vorgetragen hatte, befahl der Kadi, daß man ihm den Olivenkrug bringen solle. Dies geschah. Daraufhin kostete der Kadi scheinbar zwei Oliven und rief aus: »Wie ist es möglich, daß nach sieben Jahren diese Oliven noch so frisch schmekken?« Und er ließ zwei Knaben, die den Part des Öl- und Olivenhändlers spielten, als Sachverständige auftreten. Sie erklärten, daß Oliven sich höchstens vier Jahre halten könnten. Gleich, was man auch tue, danach würden sie schimmlig werden. Die Oliven aus dem Krug jedoch seien frisch und von der Ernte dieses Jahres. Darauf wandte sich der Kadi an den Kaufmann und sprach: »Du bist ein Betrüger, du hast Ali die 1000 Golddinare gestohlen. Du hast sie zurückzugeben. Zur Strafe wirst du gehängt.« Und im Triumphzug wurde der Kaufmann zur »Richtstätte« geführt. Harun al Raschid war so angetan von dem Spiel, daß er am anderen Tag den Knaben, der den Kadi gespielt hatte, sowie den echten Ali und den Kaufmann, aber auch den Kadi von Bagdad zu sich in den Palast kommen ließ. Dort mußte der Knabe wiederum die Rolle des Kadi spielen. Der betrügerische Kaufmann wurde überführt und verurteilt. Ali bekam seine Dinare, und der echte Kadi mußte sich belehren lassen, sich an dem Gerechtigkeitssinn eines Knaben ein Beispiel zu nehmen.

Ein Feldherr Harun al Raschids mit Namen Chumid führt uns in eine ganz andere Region des Mittelmeers, nämlich an die Südküste der heutigen Türkei, nach Lykien. Dort in der Stadt Myra befand sich, wie im vorangehenden Kapitel geschildert, die Grabeskirche des heiligen Nikolaus. Seine Gebeine hatten Bareser Kaufleute am 9. Mai 1087 nach Bari überführt, wo bald darauf ihm zu Ehren die Basilica di San Nicola entstand und Nikolaus in der Krypta unter dem Hauptaltar bestattet wurde. Zuvor jedoch, im Jahre 808, hatte der besagte Feldherr versucht, das Grab des Heiligen zu öffnen, war dabei aus Versehen allerdings an einen anderen Sarkophag geraten; so berichtet es uns der byzantinische Geschichtsschreiber Theophanes. Nikolaus, der um 300 n. Chr. lebte und Bischof von Myra war, hatte einen Namensvetter, den Abt Nikolaus vom Kloster Sion, das unweit von Myra in den Bergen liegt. Heute ist es eine Ruine und trägt den Namen Alaçahisar. Dieser Abt, der in der ersten Hälfte des 6. Jahrhunderts lebte, und von dem wir oben berichteten, geriet ebenso in Vergessenheit wie auch sein Kloster Sion. Aber 1963 fand man in Kum-

Grabeskirche des heiligen Nikolaus in Myra, Lykien

luça, rund 20 km von Sion entfernt, einen Kirchenschatz aus Silber mit Vergoldungen, der heute zum Teil in Boston, im Dumbarton Oaks Museum und zum Teil im Museum von Antalya aufbewahrt wird. Darunter befinden sich auch mehrere reichverzierte Leuchter. Inschriften weisen einen Bischof Eutichianos als Stifter aus. Auch wird das Kloster Sion genannt. Einige Silberstempel tragen das Monogramm Kaiser Justinians I., andere das von Kaiser Justin II.. Justinian starb 565, Justin wurde sein Nachfolger.

Byzantinische Ölleuchter in Gold und Silber aus dem Kloster Alaçahisar (Myra) des Abtes Nikolaus, Mitte des 6. Jhs, Antalya, Archäologisches Museum

Da Nikolaus von Sion bereits 564 starb, kann ein Teil des Schatzes noch durchaus zu seinen Lebzeiten im Sionkloster in Gebrauch gewesen sein. Die Abbildungen zeigen die Bodenplatten zweier Kirchenleuchter; einmal in Kreuzform, ein anderes Mal als Teller. Beide waren jeweils an vier Ketten aufgehängt. In den kreisrunden Aussparungen – bei dem Kreuz sind es vier mal drei, also zwölf, und bei dem Teller außen zwölf und innen vier – steckten mit Öl gefüllte Glasbehälter; auf dem Öl schwamm ein Docht. Die Zahlen sind symbolhaltig. Die Drei verweist auf die Trinität, die Dreifaltigkeit, die Vier auf die Evangelisten und die Zwölf auf die Apostel.

Überwiegend aus Metall waren die Leuchter, die vom Mittelalter bis ins 20. Jahrhundert hinein in Gebrauch waren. So auch einige Exemplare aus der Sammlung des Grafen Luxburg, heute in den Städtischen Sammlungen Schweinfurt. Auf der Abbildung rechts sehen wir drei Messinglampen mit jeweils drei Flammen. Bei den beiden äußeren ist der Lampenkörper höhenverstellbar. Es sind deutsche Kopien des 18. Jahrhunderts von venezianischen Lampen.

Öllampen aus Messing,
Schweinfurt, Städtische Sammlung

Die Zeitlampe aus Zinn wurde in der zweiten Hälfte des 18. Jahrhunderts in Deutschland gefertigt. Die auf der Skala befindliche Meßeinheit für die Ölmenge im Glas gibt die Brenndauer der Lampe in Stunden bemessen an. Aus den Niederlanden stammt die in der zweiten Hälfte des 18. Jahrhunderts entstandene Messinglampe. Auch hier eine Vorrichtung zum Auffangen der Tropfen. Schwenkbar ist der Lampenkörper des in der zweiten Hälfte des 18. Jahrhunderts in Süddeutschland hergestellten Leuchters. Aus Eisenblech ist die im 18. Jahrhundert hergestellte Ewig-Licht-Lampe (folgende Seite). Die untere Wanne dient zum Auffangen von Öltropfen. Dargestellt sind Kreuz, Marterwerkzeuge und der Heilige Geist in Gestalt einer Taube. Auch in Apulien waren, wie zahlreiche erhaltene Leuchter zeigen, Öllampen des venezianischen Stils aus Messing in Gebrauch. Fast noch mehr schätzte man allerdings die aus Keramik gefertigten Leuchten.

Zeitlampe aus Zinn,
Schweinfurt, Städtische Sammlung (links)

Öllampe aus Messing mit Tropfenfänger, Niederlande,
Schweinfurt, Städtische Sammlung (Mitte)

Öllampe in Messing, in Süddeutschland gefertigt,
Schweinfurt, Städtische Sammlung (rechts)

Grottaglie bei Tarent hat sich als Keramikstadt einen Namen gemacht. Seit Jahrhunderten werden hier Keramiken, wie die großen Weinkrüge, die Capasoni-Gefäße, Geschirr jeder Art, Plastiken und Reliefs, sowie auch Öllampen geformt und gebrannt. Einige Kopien von Originalen des 17. bis 19. Jahrhunderts aus dem Privatmuseum der Keramikfirma Del Monaco geben uns einen Eindruck der südländischen Phantasie für Farben und Formen. Die Firma del Monaco wird 1416 das erste Mal urkundlich erwähnt und ist damit der älteste »Bottega«-Betrieb in Grottaglie. Sie hat fast jedes Fürstenhaus Italiens beliefert.

Einer der gängigsten Typen ist die Lampe auf einem Fuß mit Griff und Bodenteller. Der Lampenkörper mit Schnauze und Einfülltrichter für das Öl sitzt obenauf. Diese Öllampen wurden in allen Varianten, Größen, Formen sowie mit und ohne Verzierungen hergestellt. Für festliche Anlässe waren wohl die mit Ranken aus stilisierten Olivenblättern verzierten Schüssel-Lampen (folgende Seite) gedacht. Mit ihren acht Flammen konnten sie einer Tafel durchaus die entsprechenden Glanzlichter aufsetzen. Es ist zu vermuten, daß sie noch auf einem großen flachen Teller standen, der zur Aufnahme des heruntertropfenden Öls bestimmt war. Zum Jagen oder Verjagen von Vögeln soll eine Öllampe gedient haben (folgende Seite), die man wegen ihrer eigenartigen Form als solche zunächst nicht erkennt. Über einem kurzen Fuß mit Bodentellern ruht ein kugelförmiger Lampenkörper mit zwei senkrechten Lichtschnäuzen, deren Leuchtkraft durch einen runden Spiegel erhöht wird. Vor den Lichtschnäuzen ein Einfülltrichter für das Öl. Seitlich zwei gedrehte Ziergriffe. Getragen wird das »Gerät« an einem an der Kugel angebrachten Griff unterhalb des Spiegels. Brennend soll diese

Ewig-Licht-Lampe,
Schweinfurt, Städtische Sammlung

Doppellampe einer Eule im Dunkeln ähneln, angesichts derer bestimmte Vogelarten vor Schreck erstarren und daher leicht gefangen werden können. Alle abgebildeten Keramiklampen sind Kopien apulischer Originale aus dem 18. und 19. Jahrhundert.

Als Ziervase kann man ein Gefäß von Del Monaco bezeichnen, das von der äußeren Form her einer Olive nachgebildet ist und ringsum eine Küstenlandschaft mit Segelschiffen und Kastellen zeigt. Im Vordergrund ein Olivenhain mit den mächtigen Ölbäumen der Sorte Cima di Mola.

Keramik-Lampen mit Fuß und Bodenteller,
Kopien apulischer Originale des 18./19. Jhs,
Grottaglie, Del Monaco

Schüssel-Lampe,
Grottaglie, Del Monaco

Wer sich vielleicht nach Kleinasien, nach Griechenland, in die Balkanstaaten oder in das Innere der adriatischen Küstengebiete begibt, kann noch heute am Rande oder in der Mitte einer Ortschaft eine der öffentlichen Waschhäuser antreffen, in dem die Frauen und Mädchen am frühen Morgen und wenigstens einmal in der Woche ihre Wäsche waschen. Diese Waschhäuser, ein Charakteristikum ländlicher Gebiete und früher auch städtischer, stellten vor dem Zeitalter der Waschmaschine und des Waschpulvers fast die einzige Möglichkeit dar, Wäsche zu säubern.

Lampe zum Jagen und Verjagen von Vögeln, Grottaglie, Del Monaco

Damals gab es noch keine Wasserleitungen und Anschlüsse in den Häusern; alles war viel umständlicher und bedeutete oft sogar schwere körperliche Arbeit, denn die Wäsche mußte manchmal von weit her herbeigeschleppt werden, dann kam der eigentliche Waschvorgang, und zuletzt war die Wäsche – jetzt durch den nassen Zustand bedeutend schwerer – wieder zurückzutragen. Der Waschvorgang sah folgendermaßen aus: Man weichte die Wäsche, wenn möglich, in heißem Wasser in einer großen Schüssel, die vielleicht sogar aus Olivenholz war, ein. Dann streute man die weiße Asche von verbranntem Olivenholz und -zweigen darüber und bedeckte alles mit einem Tuch. Die Mischung aus Asche und Wasser hatte eine seifenartige Wirkung. Durch festes Rubbeln auf dem Waschbrett und anschließend gründliches Auswaschen erzielte man den gewünschten Reinigungseffekt. Verrührte man das Aschegemisch zudem mit dem Bodensatz von ungefiltertem Olivenöl, so besaß man Seife. Schon in der Antike wurde auf diese Art Seife hergestellt, wovon uns viele Schriften berichten. Noch im 18. Jahrhundert wurden von den apulischen Häfen Gallipoli, Brindisi und Barletta aus große Ladungen von minderwertigen Olivenölen in die großen Seifensieder-Zentralen Europas verschifft. In Apulien selbst hielt sich diese Art der Seifenherstellung sogar bis in die Anfänge dieses Jahrhunderts.

In der Türkei z.B. wird noch heute in den Olivenanbaugebieten, besonders an der Westküste, Seife hergestellt. Der in den Ölmühlen ausgepreßte Olivenbrei, die Trestermasse, wird in der Trestermühle auf 200 °Ç erhitzt. Das so frei werdende Tresteröl verarbeitet man dann mit Wasser und Natronlauge zu Seife. Zwar ist sie nicht von der Waschkraft unserer modernen Waschmittel, doch erfreut sie sich auch ohne Werbespots größter Beliebtheit. Außerdem ist sie als reines Naturprodukt wirklich umweltfreundlich.

BUZY

Ölgefäß aus Keramik für den täglichen Gebrauch, Grottaglie, Del Monaco

Zahllos sind die Dokumente – insbesonders die keramischen Produkte –, die bezeugen, daß die Olivenkultur in Apulien schon im 7. bis 6. Jahrhundert v. Chr. weitverbreitet war. So sind die Keramiken der Apulier nicht nur wegen ihrer Formen in der ganzen Welt berühmt. Die Hydrien, Kratere und Amphoren spiegeln auch die Verwendungsweise wider, die zum großen Teil dem Olivenöl galt. Mythologische Szenen in der Vasenmalerei vervollständigen das Bild.

Stand mit Olivenölseife, Oliven und Olivenöl auf dem Wochenmarkt in Çanakkale, Westtürkei

Aus Ton und Keramik sind auch heute noch viele Gefäße, die zum Aufbewahren von Öl und Oliven verwendet werden. Zum täglichen Gebrauch, wie für die Zubereitung der Speisen oder die Ölverwendung während des Essens, benutzte man Henkelkannen mit einem eigenartig gekrümmten Schnabel. Ölzweigmotive als Dekor sollen auf den Inhalt hinweisen. Das größere Modell mit Kreuzesmotiven diente hingegen kirchlichen Zwecken. Manche kleine Pfarrkirche mit geringen Einnahmen war auf die Spenden ihrer Gemeindemitglieder angewiesen. Und Ölspenden waren und sind auch heute noch begehrt. Deshalb zog man auf »Tropfenfang« von Ölmühle zu Ölmühle, bis die Kanne voll war. Das Öl war für die Öllampen bestimmt, die als ewiges Licht heute noch in den bekanntesten Wallfahrtsstätten Italiens wie Assisi, Cascia, Loreto, Pompei, Paola und Bari brennen. Für die Kirche des heiligen Franziskus in Assisi wird sogar noch heute in allen Regionen Italiens jährlich Öl gesammelt und an Ostern dorthin gebracht. Für rein praktische Zwecke, nämlich zum Aufbewahren von eingelegten Oliven und Öl, eignen sich die in der Form seit Jahrhunderten fast unveränderten Tonkrüge mit großer Öffnung. Verschlossen werden sie mit einem Stein oder einem Holzbrett.

Olivenholz weist eine außergewöhnlich reiche Farbpalette auf, die von Gelb über Braun bis Schwarz reicht. Und ausgesprochen phantastisch wirken die jede Vorstellung sprengenden Holzstrukturen und Maserungen; im Laufe der Jahrhunderte entstanden sie unter dem Ächzen des Baums, der sich gegen die Unbilden der Natur auflehnte. Wie in einem Spiegel erkennen wir in ihnen seinen Werdegang. Beim Anblick der buckligen und verknorpelten Rinde mit ihren Auswüchsen, die erstarrten Lavamassen gleichen, begreift man, welche gewaltigen Kräfte hier miteinander gerungen haben müssen. So wundert es nicht, daß sein Holz hart ist, und wer es mit dem Messer formen will, spürt diese Kraft, die sich gegen jeden Eingriff zur Wehr setzt. Schon in der Antike diente Olivenholz wegen seiner Härte und Haltbarkeit zur Herstellung von Möbeln, Werkzeugen, Waffen, Geschirr und anderen Dingen. Wegen seiner schönen Maserung findet es heute Verwendung für Parkettböden und Möbel. Auch Gebrauchsgegenstände wie Salatschüsseln und Holzbrettchen, die insbesondere auf dem Monte Gargano in Apulien in Heimarbeit geschnitzt werden, sind sehr beliebt. Aus den Zweigen flicht man Körbe, die bei der Olivenernte und im Haus nicht nur nützlich sondern auch hübsch anzusehen sind. Auf südlichen Märkten und in den Basaren findet man eine Vielzahl von Souvenirs und Gebrauchsgegenständen aus dem reizvollen Material: Toilettenartikel, Krippenfiguren, Tiere, Halsketten und vieles mehr beherrschen die Auslagen der Geschäfte und laden zum Kauf ein.

Ölbaumstrukturen bei Monopoli

Gefäße und Körbe
aus Olivenholz

Tongefäße für Oliven,
Grottaglie, Del Monaco

Vom Mittelalter ins 20. Jahrhundert (Apulien)

Nach dem Niedergang des Römischen Reiches und der Verlegung der Hauptstadt des nunmehr christlich gewordenen Staates von Rom nach Konstantinopel im Jahre 326 durch Kaiser Konstantin den Großen, nahmen auch die staatlichen Ölkontrollen und Aufträge sowie Importe ab. Auch die römischen Olivenölzünfte und die großen Verteilerorganisationen verloren an Interesse und Einfluß. Man war schließlich froh, den Eigenbedarf aus den relativ kleinen Ölbaumbeständen decken zu können. In frühchristlicher Zeit brachten die Lehngüter, die sich in Kirchenbesitz befanden, einen gewissen Aufschwung. Dabei schlossen sich jeweils bis zu zehn Familien in sogenannte *Fattorie Fortilizio* – in Großbetriebe – zusammen und widmeten sich dem Weizen-, Wein- und Olivenanbau.

Größere Olivenhaine befanden sich überwiegend in den Händen von Klöstern oder Konventen, die oft private Pachtverträge – *ad laborandum* – mit den Landbewohnern abschlossen. Auch an höchster kirchlicher Stelle in Rom wußte man den Besitz von Olivenplantagen zu schätzen. Unter Papst Gregor III. (731-741) hatte die Apostolische Kirche in Rom auf einer Bronzetafel in einem Vorraum von Alt-St. Peter – dem Vorgängerbau der heutigen Peterskirche – ihre Olivenhainbestände aufgezeichnet und somit das päpstliche Interesse am wirtschaftlichen Nutzen des Ölbaumes hervorgehoben.

Im 12. Jahrhundert wurde der Ölhandel eine wirtschaftliche Angelegenheit der italienischen Stadtstaaten. So kontrollierte Venedig die Olivenölimporte aus den griechischen Anbaugebieten von Korinth und Theben sowie aus Konstantinopel. Genua überwachte die Importe aus der Provence, Spanien und Nordafrika. Preistabellen für Öl, die auf Qualitätseinstufungen beruhten, sind ab dem 13. Jahrhundert aus Venedig bekannt. Olivenöl aus der Golfzone – Neapel mit Apulien – wurde mit drei Dukaten für 1000 Libbre (Pfund) gehandelt. Öle aus anderen Zonen erzielten hingegen nur einen Dukaten.

Das 14. Jahrhundert sah in ganz Italien und auch in Apulien, dort besonders im Salentiner Raum und bei Tarent, allerortens neue Olivenanlagen entstehen, da die Kosten für die Importe ins Unermeßliche gestiegen waren. Auch strebte man eine gewisse Unabhängigkeit an, um nun seinerseits Olivenöl neben anderen Agrarerzeugnissen wie Wein nach Mittel- und Nordeuropa exportieren zu können. Die Kommunen schlossen jetzt ebenfalls private Pachtverträge ab, und in Rom wurde eine päpstliche Anordnung über Handel und Lagerung von Olivenöl im Castel San Angelo – in der Engelsburg – erlassen. Die Basilianermönche mit ihrem Hauptsitz in dem Kloster San Nicola Casole bei Otranto in Südapulien, das im 12. und 13. Jahrhundert eine der größten Bibliotheken des Abendlandes beherbergte, förderten enorm den Anbau von Olivenbäumen. Dabei kam ihnen zustatten, daß sie in ganz Apulien seßhaft waren und in fast allen Schluchten, Tälern und Grotten ihre monastischen Felsensiedlungen besaßen, wo sie streng nach den Regeln des heiligen Basilius lebten.

Santuario Madonna della Scala, Massafra (Tarent)

Landwirtschaftliche Zeugnisse der Olivenverarbeitung und Herstellung von Olivenöl aus dieser Zeit und davor sind in Apulien schwer zu finden. Es bedarf schon eines gewissen Spürsinns und Forschergeistes, will man Zeichen früher apulischer Olivenkultur entdecken: In einer felsigen Schlucht bei Massafra, unweit von Tarent, die bereits in vorchristlicher Zeit bewohnt war, und ab dem 5. Jahrhundert von griechisch-orthodoxen Basilianermönchen zu einer Mönchssiedlung mit freskenbemalten Grottenkirchen ausgebaut und im 18. Jahrhundert um die Wallfahrtskirche Madonna della Scala erweitert wurde, zeigen einige Wohnbereiche noch Spuren landwirtschaftlicher Betätigung. Dazu zählte auch die Herstellung von Olivenöl. So haben sich in einem ehemaligen Wirtschaftsraum oder vielmehr in einer der Felsengrotten – sämtliche Räumlichkeiten befinden sich in tuffartigen Felsenhöhlen – die Reste einer Mühle und in einem anderen Raum die Reste einer Presse erhalten. Während das Aussehen des Mühlen-Troges an das römische Trapetum erinnert, in dem zwei fast halbkugelförmige Mahlsteine sich um eine Mittelachse drehten, fällt es schwer, in der kleinen aus dem Tuff herausgehauenen Nische den Aufstellungsort einer Presse zu erkennen. Wie aber der Grottenführer M. Serafino aus Massafra versicherte, habe er noch Reste einer Holzschraube gesehen, die von einem im oberen Bereich der Nische horizontal befestigten Querbalken geführt wurde. Die dafür notwendigen Löcher sind an den seitlichen Nischenwänden noch erkennbar. Sichtbar auch am Nischenboden eine tellergroße flache Vertiefung, der der Fuß der Holzschraube aufsaß. Darunter eine Einbuchtung für ein Gefäß zum Auffangen des Öls. Damit dürfte hier einst eine kleine Schraubenpresse angebracht gewesen sein, der Art, wie wir es in Kursi und Pompei sahen.

Nur trugen hier statt der beiden Holzpfosten die Nischenwände den Querbalken. Eine genaue Datierung ist kaum möglich. Die Mühle kann noch der spätrömischen Zeit angehören. Sie oder vielmehr der Typ war im Mittelalter noch im Gebrauch, wie zur Barockzeit oder um Anfang dieses Jahrhunderts.

Eine Mühle desselben Typs, von der sich Reste erhalten haben, wurde einst auch in einer anderen Mönchssiedlung Apuliens zur Olivenölherstellung benutzt. Man muß sich schon bemühen, um sie in einer der zahlreichen Schluchten zu finden, die von Monte San Angelo, der Stadt des Erzengels Michael auf dem Monte Gargano, zum Golf von Manfredonia hinabführen. Waren es erst die griechisch-orthodoxen Basilianermönche, die ab dem 6./7. Jahrhundert hier in der wilden Abgeschiedenheit ihre Felsensiedlungen gründeten, so folgten im 12. Jahrhundert die Mönche der nahe gelegenen Benediktinerabtei Santa Maria di Pulsano. Noch im 17. und 18. Jahrhundert war das Tal mit dem Namen Valle di Campanile – Tal des Glokkenturms – bewohnt. In einem der Wohnkomplexe, die sakrale Räume wie eine kleine freskengeschmückte Kirche, Wohnbereiche, Wirtschafts- und Lagerräume mit Zisternen sowie Stallungen umfaßten, entdeckten wir an der Rückwand eines Grottenraumes eine ähnliche Nische wie in Massafra, jedoch größer und sorgfältiger gearbeitet. Zu ihr führt eine Stufe, zum Abstellen von Gefäßen und zur leichteren Handhabung der Presse. Auch hier erklären Löcher im Felsen die Anbringungsart der Presse, die man als Schraubenpresse identifizieren kann. Im Freien vor

Valle di Campanile mit Mönchssiedlung,
Monte Gargano, Apulien

der Höhle, aus dem Felsen herausgehauen, sind noch die Reste eines Preßtisches sichtbar, dessen kreisrunde Vertiefung mit umlaufender Auffangrinne sowie einiger Löcher in der Felswand darüber ebenfalls an eine Schraubenpresse denken lassen. Ungewöhnlich erscheint die kleine seitliche Arbeitsfläche. Es ist davon auszugehen, daß die Pressen nicht ausschließlich zum Ausdrücken von zermahlenen Oliven dienten, sondern, wie das auch bei unseren modernen elektrischen Küchengeräten der Fall ist, auch anderweitig verwendet wurden, wie zum Auspressen von Früchten und insbesondere von Weintrauben.

Fragment einer Ölpresse mit Holzschraube (oben), Ostuni

Felsnische für Ölpresse mit Holzschraube (oben links), Valle di Campanile, Monte Gargano, Apulien

Fragmente einer Ölpresse mit Holzschraube in einer Felswand (links), Massafra, Madonna della Scala

Die Reste einer großen Schraubenpresse mit einem ursprünglich wohl ähnlichen Aufbau wie in Kursi am See Genezareth liegen zu Füßen einer der mächtigen Rundtürme der Stadtbefestigung von Ostuni, der weißen, fast maurisch wirkenden Stadt rund 8 km südlich von Bari. Gut lassen sich im Pressenfundament die beiden Löcher für die Holzpfosten erkennen, zwischen denen die Schraubenpresse am oberen Querbalken befestigt war. Im Zentrum die kreisrunde Preßfläche mit Abflußöffnung nach links. Dieser Preßtisch und eine ebenfalls erhaltene Bodenzisterne sind wahrscheinlich Überreste einer Olivenölmühle des frühen Mittelalters. Von den römischen Ölmühlen in Canne della Battaglia wurde schon berichtet. Alle Zeugnisse, seien sie auch aus noch so unterschiedlichen Epochen, sprechen für eine weitverbreitete Olivenkultur bei den Apuliern und ihren Vorfahren, und zwar sowohl bei den Land- wie bei den Stadtbewohnern. Auf ihnen ruht heute die gesamte schon Jahrtausende andauernde Tradition dieses landwirtschaftlichen Zweiges in Apulien.

Ölbäume und Olivenhaine waren so etwas wie heilige Wesen und Stätten und wurden hoch bewertet. Und wie schon die ägyptischen Pharaonen ihren Göttern Olivenplantagen und Öl zur Beleuchtung ihrer Tempel stifteten, die Athener der Göttin Athene einen Olivengarten weihten und man den von ihr selbst neben dem Erechtheion auf der Akropolis gepflanzten Ölbaum verehrte und im Innern des Heiligtums eine ewige Öllampe vor ihrem Bildnis brannte, so hatten Baum und Öl auch in der christlichen Religion einen hohen Stellenwert. In Stiftungen an die Kirche nahmen sie rasch einen festen Platz ein. So weiß man unter anderem von der Stiftung einer Olivenpflanzung durch den Fürsten von Antiocheia, Bohemund aus Tarent, an das Hospital des heiligen Nikolaus von Bari im Jahre 1101. Bohemund hatte als einer der siegreichen Befehlshaber des Kreuzfahrerheeres, das am 15. Juli 1099 Jerusalem eroberte, am ersten Kreuzzug teilgenommen. Auch deutsche Ritter und Pilger, die sich anschickten, per Schiff ins Heilige Land zu fahren, schenkten der Kirche San Nicola di Bari 44 Olivenbäume unter der Bedingung, daß eine Lampe, die Tag und Nacht brennen sollte vor dem Altar des heiligen Nikolaus, in der Krypta aufgestellt werde, damit ihr Unternehmen gelänge und sie auch heil wieder zurückkämen. Ein Dokument von 1254 berichtet von Öllieferungen an den Klerus von San Nicola di Bari. Das Öl sollte für die Beleuchtung der Kirche und für den Kult auf dem Altar des Heiligen verwendet werden. Es ist müßig, alle Stiftungen, die uns aus Dokumenten erhalten sind, aufzuzählen. Allein die Ölbaum- und Olivenölstiftungen der kaiserlichen Familie des Hohenstaufenkaisers Friedrich II. und seiner normannischen Vorfahren oder gar seiner Nachfolger, der Könige der Anjous, sowie die Schenkungen der Fürsten und Barone an die Kirchen und Klöster Apuliens würden ein Buch füllen.

Private Erzeuger wurden jetzt mit Privilegien bedacht. Im Jahre 1327 wird auf Grund eines Diploms von König Robert von Anjou eine Abgabenbefreiung an die Stadt Gallipoli östlich von Tarent bei entsprechender Herstellungsmenge von Olivenöl ausgesprochen. Man erläßt königliche Ermächtigungen (Lecce 1371) bezüglich der Anlegerechte in den Häfen von Gallipoli und Brindisi für Schiffe aus Ragusa (Dubrovnik) für »das Verladen von Öl in Ziegenfellen« und anderes mehr. Die Hafenstädte Apuliens werden zu Umschlagplätzen für apulische Olivenöle. In den Häfen von Gallipoli, Brindisi, Tarent, Otranto, Monopoli, Bari, Giovinazzo, Bitonto, Bisceglie, Trani Barletta entstehen Warenlager der Venezianer, Toskaner, Genuesen, der Russen, Deutschen und Engländer. Hier lagerte man das für die Heimatländer bestimmte Olivenöl. Auf Grund der enormen Nachfrage nach Olivenöl in ganz Europa verwandelte sich Apulien praktisch in einen einzigen Olivenhain, in *»un grande oliveto«*.

Neben der kaiserlichen Familie der Hohenstaufen, den Grafen und Baronen, der Kirche, den Klöstern und den Städten, in deren Besitz sich die großen Ölbaumplantagen befanden, war es besonders der Landadel, der sich im 13. und 14. Jahrhundert mit der Olivenölproduktion in Apulien befaßte. Besonders zu nennen sind die Familien Bove, Maranducciolo,

Rogadeo und Rufolo. Es waren Familien, die ursprünglich in Ravello und Amalfi beheimatet waren, aber mit dem Niedergang der amalfitanischen Seerepublik nach Apulien kamen. Das Geschlecht der Rufolo hatte seinen Hauptsitz an der amalfitanischen Küste in Ravello unweit von Salerno. Dort und auch in Neapel hatten die Rufolo sich als Admiräle, Ritter, kaiserliche Bankiers und Schatzmeister sowie als Lehnsherren und Kaufleute unter den Normannen, Hohenstaufen und Anjous einen Namen gemacht. Noch heute bezeugen der in Ravello den ganzen Platz beherrschende Palazzo Rufolo und die Kanzel im Dom mit einer Büste, die als Porträt der Sigilgaita, der Frau von Nicola Rufolo gilt, den einstigen Rang und die Stellung dieses Geschlechts. Von der Kanzel ist bekannt, daß sie von einem Bildhauer aus Apulien, Nicola di Bartolomeo da Foggia, im Jahre 1272 erschaffen wurde. Die Deckung der Unkosten erfolgte aus den Einkünften des Olivenölverkaufs. Das Öl, das die Rufolo selbst herstellten, stammte aus eigenen Olivenplantagen bei Giovinazzo. Ein Zweig der Familie Rufolo hatte sich in Molfetta und Giovinazzo niedergelassen und dort Ländereien aufgekauft, wo sie Weintrauben, Getreide und Oliven anpflanzten.

An der Provinzstraße zwischen Giovinazzo und Terlizzi errichteten die Rufolo in den fünfziger Jahren des 13. Jahrhunderts ein landwirtschaftliches Anwesen von der Art der für Apulien so typischen *Masseria Fortificata*, des befestigten Gutshofes. In diesem *Complesso Agricolo Rurale*, das heute den Namen Torre Rufolo führt, stellten sie Olivenöl her. Der mächtige Komplex, der um 1500 an die Frati Minori ging und gewisse Umbauten und Renovierungen erfuhr – auch eine Kapelle wurde angefügt –, ist im wesentlichen erhalten. Mittelpunkt sind zwei einschiffige tonnengewölbte Gebäude von beinahe kathedralartigen Ausmaßen mit Nebengebäuden. Neben dem Haupteingang mit anschließenden Stallungen gab es noch den Lieferanteneingang, wo die Fuhrwerke, die die Oliven brachten, in einem offenen tonnengewölbten Vorraum entladen werden konnten. Die beiden großen Räume sind unterkellert, um Oliven und Öl lagern zu können. Ein anderer bei Bitonto gelegener Ölmühlenkomplex – Trappeto di Patierno – der Grafen Rogadeo aus dem 13. Jahrhundert, der innen völlig ausgeräumt ist, vermittelt einen noch gewaltigeren Eindruck von der Größe und der schon fast sakralen Ausstrahlung einer solchen Anlage der damaligen Zeit. Erhalten haben sich in den beiden Räumen von Torre Rufolo eigentlich alle für die Ölherstellung erforderlichen Einrichtungen. Bei entsprechender Restaurierung sowie Ergänzung der fehlenden Holz- und Eisenteile könnten hier heute nach mittelalterlichen Methoden Oliven gelagert, gemahlen und gepreßt sowie Öl vom Ölwasser abgeschöpft und die Zisternen damit abgefüllt werden.

In Raum A ist noch das Mahlrad einer *Mola olearia* und der Preßtisch einer Schraubenpresse mit Zisterne vohanden. Dazu sämtliche Magazinräume und eine Feuerstelle. Auch Raum B besitzt neben den Depots bzw. Zisternen für Oliven, Öl und Wasser einen Mahlstein, der jedoch wesentlich breiter und älter ist als der in Raum A, aber zum Typ der *Mola olearia* zählt (vgl. mit der Mühle in Haifa). Bei der Preßanlage erkennt man gut die seitlichen Halterungen am Preßtisch für die Holzpfosten (auf der Abbildung oben), zwischen denen eine Schraubenpresse angebracht war. Gegenüber, auf der anderen Seite der Zisternenöffnung (auf der Abbildung im Vordergrund), enthält die Anlage eine zweite kreisrunde Steinplatte, die wir bei den anderen Preßanlagen bisher nicht angetroffen haben. Von gleichen Ausmaßen wie der Preßtisch zeigt sie jedoch zwei konzentrisch angeordnete, ringförmige Vertiefungen, wobei die innere mehrere Aus-

gänge zur Ablaufrinne, die zur Zisterne im Boden führt, aufweist. Halterungen für Pfosten oder gar für einen Preßbaum sind nicht zu erkennen. So kann die Funktion dieser Platte wohl nur darin bestanden haben, daß man die mit zermahlenen Oliven gefüllten Preßmatten oder Körbe hier vorerst abstellte oder sogar aufschichtete und wohl auch mit einem Stein beschwerte, bis die Presse gegenüber wieder frei war und von neuem beladen werden konnte. Wenn man bedenkt, daß aus einer gefüllten Preßmatte aus allen Ritzen das Öl heraustropft, allein vom Eigengewicht, dann erwies sich eine solche Auffangvorrichtung schon als dringend erforderlich. Diese Tropfen erfreuten sich – und das gilt heute genauso – bereits in römischen Zeiten zudem allerhöchster Wertschätzung. So betont Columella den weit edleren Geschmack des Öls, das sozusagen von selber abgeflossen ist. Auch Plinius bewertete den »ersten Ablauf am höchsten«. Und unbestritten sind diese Tropfen – *Goccia* und *Affiorato* genannt – das Beste, was die Olive an Öl überhaupt zu bieten hat.

Aus der Zisterne wurde das Öl- und Wassergemisch in Eimern herausgeholt und anschließend in die Dekantationsanlage geschüttet, wo sich das Wasser vom Öl absetzen konnte. Dasselbe Prinzip wie bei den Anlagen in Israel, nur architektonisch anders gestaltet. Es handelt sich um eine rechteckige, tief liegende Grube und ein rundes um ca. einen Meter höher gemauertes Becken. Beide sind durch eine Steinröhre miteinander verbunden. In das Becken wurde das frisch gepreßte Öl-Wasser-Gemisch geschüttet. Während sich das schwerere Wasser setzte, schöpfte man das Öl mit einem tellerartigen Löffel ab. Dann öffnete man die bisher verschlossene Röhre zur Grube, und das Wasser konnte nach dort abfließen. Nachdem die Röhre wieder verschlossen war, wurde das Becken wieder aufgefüllt, und alles begann von vorne. Es ist nicht ausgeschlossen, daß man die Anlage auch zum Filtern des bereits vom Wasser abgeschöpften Öls verwandte und dieses aus dem Becken durch die jetzt mit einem Baumwollpfropfen versehene Öffnung in die Grube einleitete.

In derselben Gegend, zwischen Giovinazzo und Bitonto, errichteten andere berühmte Familien aus Ravello eine Reihe von Gutshöfen in der oben beschriebenen Art. Unter ihnen auch die Bove. Doch geben nur noch spärliche Gebäudereste, versteckt in den weiten Olivenhainen, Kunde von der einstigen Größe der Produktionsstätte für Olivenöl. Bemerkenswert ist, daß die ravellesischen Familien Rufolo, Maranducciolo, Bove und Rogadeo, die sich alle längs der Küste nördlich von Bari niedergelassen hatten, enge Kontakte untereinander pflegten. Die Sprößlinge dieser Familien vereinigten sich und lernten voneinander. Außergewöhnlich scheint, daß sie aus den Einkünften beim Handel mit dem »flüssigen Gold Apuliens« erstaunliche Kunstwerke errichteten, und zwar in ihrer ursprünglichen wie in ihrer neuen Heimat. So entstanden im Auftrag der Ravellesen in Bari die Chiesa della Vallis und in Bitonto die Kirchen San Matteo sowie San Francesco. Außer der schon zitierten Kanzel im Dom zu Ravello entstand in derselben Kirche auch die großartige Kanzel von Costantino Rogadeo, die um 1130 in Auftrag gegeben wurde. Und

Ölmühle Torre Rufolo, Raum A (oben)

Ölpressen-Fragmente, Torre Rufolo, Raum B

Torre Rufolo, Ölmühlanlage aus dem 13. Jh., Giovinazzo, Apulien

in der Chiesa San Giovanni del Toro, ebenfalls in Ravello, ließen im 13. Jahrhundert die Bove gleichermaßen eine Kanzel erbauen. Bis zum Ende des 15. Jahrhunderts, wo der Adriaraum noch frei von der Türkengefahr war und der Handel noch blühte, kam den Bove und den Rogadeo eine bedeutende und hervorragende Stellung im Handel mit Venedig zu. Als Bestätigung und Krönung dieser Beziehungen galt im Jahre 1404 die Hochzeit zwischen Sergio III. di Bove mit Elisabetta, der Tochter von Ser Luca Bemba, dem Oberhaupt einer der mächtigsten und einflußreichsten Familien dieser ruhmreichen Republik von San Marco, für die die Familie der Bemba Heeresführer, Seefahrer und Dogen stellte.

Eine der faszinierendsten Städte Apuliens ist das südlich von Bari in Meeresnähe auf einem Hügel gelegene Ostuni. Mit seinen leuchtend weiß gekalkten Gebäuden und Stadtmauern überragt es wie eine maurische Festung aus der Zeit eines Orlando Furioso – er war der Heerführer Karls des Großen und ist bei uns als der »Rasende Roland« bekannt – die sich weit bis hinunter an die blaue Adria erstreckende Ebene. Im silbrig schimmernden Grün der Ölbäume, die die Gegend in einen einzigen Olivenhain verwandeln, ragen die weißen Gehöfte wie Inseln hervor. Zahlreiche Spuren lassen auf eine schon sehr früh entwickelte Olivenkultur schließen. Und unheimlich wie verlokkend zugleich geben sich die unterirdisch gelegenen Mühlenanlagen, die eher an mystische Kultstätten gemahnen als an Produktionsstätten von Olivenöl aus vergangenen Jahrhunderten.

Ein herrliches Beispiel stellt eine dem Hochmittelalter zuzuordnende Ölmühlenanlage unterhalb des Stadtmauerrings dar. Es ist ein mehrmals umgebauter zweistöckiger Komplex, dessen unterer Teil aus einem sehr großen unterirdischen Raum besteht. Mittelpunkt ist eine Mahlanlage mit nur einem großen Mahlstein. An den Wänden Magazine, Zisternen für Wasser und Öl, ein Stall für die Pferde, Reste eines Kamins sowie eine Schlafnische. Im oberen Bereich erweckt ein Korridor mit beidseitigen Magazinkammern, die zum Lagern der Oliven bestimmt waren, Interesse. Die Ausgrabungen dauern noch an und sind vielversprechend.

Folgt man in Ostuni dem Gewirr der sich ständig verzweigenden und über Treppchen auf- und absteigenden Gäßchen, so trifft man überall auf Zeugen früherer Ölherstellung und Aufbewahrung dieses kostbaren »Fruchtsaftes«. In der Via Bixio Continelli Nr. 5 fand man im Jahre 1961 hinter der Kellerwand eines Hauses eine gewaltige Dekantations- und Depotanlage für Olivenöl. Das Haus gehörte den Marchesi Palmieri di Rialbo, die umfangreiche Olivenplantagen bei Ostuni besaßen. Im Jahre 1639 fielen sie in Ungnade und mußten Ostuni verlassen. Die kurz nach 1600 entstandene Anlage wurde aus dem Felsen, über dem die Häuser der Gasse errichtet sind, mühsam herausgehauen und noch in das 19. Jahrhundert benutzt.

Sie erstreckt sich über zwei unterirdische Stockwerke und besteht aus sechs kleineren und einer größeren Zisterne, die über Korridore und Treppen zugänglich sind und von dort bedient werden konnten. Von der Straßenseite her schüttete man das vielleicht schon teilweise vom Wasser befreite Öl in einen Kanal, der im Korridor des oberen Geschosses an die eine Wandseite mündet. Von dort wurde das Öl über tragbare Metall- oder Holzleitungen, die man zu den verschiedenen Fensteröffnungen der Zisternen legte, in diese abgefüllt. Die Zisternen selbst sind über ein Filtersystem, das sich im Untergeschoß befindet, mit der großen Zisterne verbunden, die von hier nochmals sechs Meter in die Tiefe des Felsens führt. Das Filtersystem selbst besteht aus zwei Reihen von sieben übereinander angeordneten Öffnungen am Fuße jeder Zisterne. Diese leiten zu einer Grube hinüber, welche zum Auffangen der schlammartigen Schmutzablagerungen dient. Olivenöl enthält, auch wenn es bereits vom Wasser befreit ist, fein zermahlenes Fruchtfleisch, das sich im Gefäß oder in den Zisternen bei längerem Lagern als wäßriger und öliger Schlamm absetzt. Das in die Zisternen abgefüllte Öl mußte also zunächst ruhen. Dabei hielt man die kleinen Öffnungen zur Grube hin verschlossen. Hatte sich dann der Schlamm gesetzt, wurden die unteren

Löcher geöffnet, und der Schlamm floß hinüber in die Grube. Von hier entfernte man ihn mittels Eimer und anderer Gefäße, nachdem die Löcher wieder verschlosssen worden waren. Die Grube wurde gesäubert. Daraufhin öffnete man die oberen Pforten, um jetzt das schon klarere Öl der oberen Schichten hindurchlaufen zu lassen, denn hinter den unteren Öffnungen konnte immer noch leicht getrübtes und Wasser enthaltendes Öl lagern. In den Öffnungen steckende Baumwollpfropfen bewirkten zudem, daß das Öl wie durch einen Filter gereinigt und klar in die Grube rann. War diese randvoll, suchte sich das Öl über eine kaum wahrnehmbare Vertiefung in der Grubenwand und durch eine sich anschließende steinerne Führung seinen Weg zur tiefer gelegenen Zisterne.

Palazzo Palmieri, 16. Jh., Via Bixio Continelli, Ostuni

Das sich vom Öl absetzende schlammartige Wassergemisch besteht überwiegend aus feinem, aber immer noch ölhaltigem Olivenfruchtfleisch. Die Römer nannten es *Amurca*, und die Griechen verglichen es mit dem Bodensatz des Weines. Es muß in jedem Fall vom Öl getrennt werden, da es in Fäulnis übergeht und das Öl geschmacklich verdirbt. Die Amurca wurde als Düngemittel für Bäume, besonders für den Ölbaum und den Feigenbaum benutzt. Ferner tränkte man damit Samen vor dem Einpflanzen. Man vermischte sie mit Lehm und fertigte so Bodenbeläge für Dreschböden sowie Böden und Wände von Kornspeichern, um Regen und Ungeziefer zu wehren. In der Medizin fand sie Anwendung bei Räude und Geschwüren. Mit ihr getränktes Leder blieb geschmeidig, und Bronze schützte sie vor der Korrosion.

Im 15. Jahrhundert waren es die Zisterzienser, die besonders im äußersten Süden Apuliens neue Ölbaumpflanzungen anlegten. Im 16. Jahrhundert war der Handel mit Olivenöl in Apulien zu einem so mächtigen Wirtschaftszweig herangewachsen, daß im Jahre 1559 der spanische Vizekönig Parafran de Rivera den Bau einer Straße von Neapel nach Apulien mit Abzweigungen zu den Abruzzen und nach Kalabrien beschloß. Der Grund war, Voraussetzungen für einen schnelleren Transport des begehrten Olivenöls von Apulien nach Neapel zu schaffen. Olivenöl, und besonders das aus der Terra di Barri, war auch in Venedig sehr gefragt. Von dort gelangte es in die anderen europäischen Länder, wobei eine starke Nachfrage auch nach einfacheren Ölen für industrielle Zwecke und die Seifenherstellung bestand. Noch heute gibt es in der Lagunenstadt die *Ponti dell'olio*, die sogenannten Ölbrücken. Unter den Olivenöllieferanten Venedigs machten sich im ausgehenden 16. Jahrhundert besonders apulische Städte wie Lecce, Otranto, Gallipoli, Brindisi, Bitonto und Barletta einen Namen. Jedes Jahr wurden in den apulischen Häfen über 8000 Tonnen Olivenöl zu günstigen Preisen verladen und nach Norden verschifft.

Über das Aussehen eines *Frantoio*, einer Mühlenanlage, um 1600 gibt uns ein Fresko (S. 154) eines Nebenaltars in der Kirche der früheren Abtei Santa Maria dell'Isola bei Conversano, das nur wenige Kilometer nördlich von Ostuni liegt, Auskunft. Der Altar aus dem Jahre 1611 ist dem heiligen Bernhard geweiht. Er zeigt die Vita und einige Wundertaten des Heiligen. Darunter das Innere einer Ölmühle. Ein Junge war offenbar unter das von einem Maultier angetriebene Mühlrad gekommen und drohte an seinen Verletzungen zu sterben. Der um Hilfe gerufene heilige Bernhard befreite ihn und rettete sein Leben. In der Mitte des Freskos erkennt man eine Mahlanlage, bestehend aus einem großen runden, steinernen Mahltisch mit einem steinernem Mühlrad darüber. Eine Holzkonstruktion hält alle Teile zusammen. Das Maultier an der geschwungenen Deichsel bringt die Mühle in Gang. Es ist das einzige erhaltene Fresko aus Apulien, das eine Mühle von innen zeigt.

Das 17. Jahrhundert ließ den Anbau von Ölbäumen sowie den Handel mit Oliven und Öl fast zum Stillstand kommen. Verantwortlich dafür waren Kriege, politische Auseinandersetzungen und der Zusammenbruch von Handelsketten und wirtschaftlichen Systemen. Schlechte Ernten, Pestepidemien, zu hohe Steuerabgaben unter der spanischen Fremdherrschaft und auf nur zwei bis drei Jahre befristete Pachtverträge taten ein übriges. Zahlreiche Olivenhaine wurden nicht mehr kultiviert und mußten aufgegeben werden. Auf Grund einer freieren Marktwirtschaft sowohl auf nationaler wie auf internationaler Ebene und wegen des Anschlusses des italienischen Südens (Mezzogiorno) an das Haus der Habsburger kam es im 18. Jahrhundert zu einer Wiederbelebung des Olivenanbaus. Die wachsende Nachfrage nach Öl, Preissteigerungen und die erzielten Gewinne ließen neue Anbaugebiete entstehen. Erneut wuchs das Interesse am Olivenöl in ganz Europa. Noch im ausgehenden 18. Jahrhundert fing man an, Olivenöltypen zu unterscheiden. Als die besten Speiseöle galten die aus der Toskana und Apulien. Öle aus anderen nördlichen Regionen, aus Ligurien und Riviera di Levante, wurden dagegen eher zum Waschen von Wolle, zum Schmieren der ersten Maschinen und zur Beleuchtung verwendet.

Typisch für Apulien sind die unterirdisch gelegenen Ölmühlen. Fast jede *Masseria*, also jeder Guts- oder Bauernhof in den Gebieten mit Ölbaumpflanzungen, besaß eine solche. Heute sind sie fast alle außer Betrieb, und nur die verlassenen Räumlichkeiten mit Resten von Mühlen und Pressen erinnern an die ländlichen Produktionsstätten für Olivenöl im ausgehenden 19. und beginnenden 20. Jahrhundert. Die geologische Beschaffenheit Apuliens bringt es mit sich, daß vielerorts riesige Felsenplatten von zwei bis drei Meter Dicke ebenerdig lagern. Da sie meist über weicheren Gesteinsschichten wie Tuff, Geröll und Erdreich sitzen, kam es auf Grund der in Apulien mitunter gewaltigen Regengüsse oft zu Höhlenbildungen durch Auswaschungen oder Unterspülungen. Es war daher relativ einfach, diese Höhlen entsprechend auszugraben und einzurichten. Dies hatten die Bewohner Apuliens bereits vor über 20 000 Jahren erkannt. Daher haben sich zahlreiche Grotten mit Spuren früherer Wohnkulturen und Höhlenmalereien – wobei die Zeugnisse aus christlicher Zeit, die Mönchssiedlungen, überwiegen – in Apulien erhalten.

Der hier vorgestellte Komplex in einer verlassenen Masseria bei Ostuni stammt aus dem 18./19. Jahrhundert und unterscheidet sich vielleicht von anderen durch eine Lagerfläche für Oliven genau über einer solchen Felsenplatte. Möglicherweise war sie früher mit einem Schutzdach gegen das zur Erntezeit (November bis März) herrschende unstete Klima versehen gewesen. Durch verschiedene Öffnungen in quadratischen, ca. zehn Zentimeter hohen Platten auf dem Felsen, konnte man die Oliven auf abgesteckte Flächen schütten, die sich auf dem Boden des unterirdischen *Frantoio* befinden. Der Zugang zur Mühle war meist von portalartiger Größe, um Tier und Mensch genügend Raum zu bieten. Ein tunnelähnlicher Gang führte schräg nach unten. Im Innern standen gewöhnlich eine Mühle – hier eine mit drei Rädern und mehrere Schraubenpressen sowie Gruben und Zisternen. Räume für die Arbeiter zum Ausruhen und ein Stall für die Pferde, die man für den Antrieb der Mühle brauchte, waren ebenfalls vorhanden.

Ein Kamin, in dem ständig ein Feuer brannte, hatte für eine gleichbleibende Temperatur zu sorgen. Bei Griechen und Römern in klassischer Zeit war offenes Feuer nicht gerne gesehen. Denn man fürchtete durch Qualm und Geruch eine geschmacksbeeinträchtigende Wirkung.

Um 1611 entstandenes Fresko in der Kirche Santa Maria dell'Isola, Conversano, Apulien

Ölmühle mit drei Rädern, bei Ostuni

Unterirdische Ölpressenanlage aus dem 15. Jh.,
Castello Donato, Ostuni

Ölmuseum mit Ölmühlen, 18.-19. Jh.,
Santa Maria delle Cerrate

Klosterkirche Santa Maria delle Cerrate,
13. Jh., bei Lecce, Apulien

In das 19. Jahrhundert bringen uns die im ehemaligen Kloster Santa Maria della Cerrate bei Lecce im Süden Apuliens konservierten Mühlenanlagen, die jetzt drei Mühlräder aufweisen. Die Kirche, ein romanischer Bau, im 12. Jahrhundert von dem normannischen Grafen Tancredi gegründet, gehörte bis Ende des 13. Jahrhunderts den Basilianer-Mönchen, bevor sie dem Heiligen Stuhl unterstellt wurde. Im Jahre 1711 wurde sie von den Türken zerstört. Die Mühlanlagen sind aus der Zeit danach und aus dem 19. Jahrhundert.

Masseria dell'Erba, Monopoli

Ölpresse aus dem 18./19. Jh., Masseria Accetta Grande, Massafra, Tarent

Aus den Preßmatten abtropfendes Öl, Masseria Accetta Grande, Massafra, Tarent

Anziehen der mit den gefüllten Preßmatten beschichteten Holzschrauben, Masseria Accetta Grande, Massafra, Tarent

Im Herbst 1985 wurden anläßlich einer Dokumentation des Bayerischen Fernsehens über Oliven auf dem Landgut der Masseria Dell'Erba und in dem ehemaligen Gouverneurssitz, der Masseria Accetta Grande, zwei Ölmühlen des 19. Jahrhunderts soweit in Stand gesetzt, daß man die Ölherstellung der damaligen Zeit fast völlig rekonstruieren konnte: In der einen Mühle, die zur Masseria Dell'Erba unweit von Monopoli gehört, wurde eine dreirädrige Mahlanlage mit einem Pferd bespannt, das die Mühlendeichsel hinter sich herziehend den Mahlstein in Bewegung setzte und so die Oliven zermahlte. In der anderen Ölmühle auf der Masseria Accetta Grande zwischen Massafra und Tarent wurden die Pressen – drei mit Holz- und vier

Hydraulische Pressen im Ruhestand, zweite Hälfte des 19. Jhs, Masseria dell'Erba, Monopoli

Aufgelassene Ölmühle, Mattinata, Monte Gargano, Apulien

mit Eisenschrauben — betätigt. Die Oliven, die man entweder frisch gepflückt vom Baum oder vom Lagerraum kommend zur Mühle brachte, mußten noch aus Körben oder Eimern in den Mahltrog geschüttet werden. Nach dem Mahlvorgang wurde der Olivenbrei in breite flache Eimer geschaufelt und zu einem Tisch gebracht, wo man die *Fiscoli*, die Preßmatten, damit füllte. Sobald in einer Presse genügend Matten aufgestapelt waren, wurde ein Balken in den auf den Matten aufsitzenden Schraubenkopf gesteckt, um mit diesem Hebel die Schraube leichter zu drehen. Reichte der Druck nicht mehr aus, wurde das Balkenende mittels eines Seiles an einer Winde befestigt und die Schraube noch mehr angezogen. Das aus den Matten heraus tropfende Öl-Wasser-Gemisch fing man in einer Grube, in der ein Holzbottich stand, auf. Nachdem sich das Wasser nach unten abgesetzt hatte, konnte das Öl abgeschöpft und verwendet werden.

Die Pressen in der Masseria Dell'Erba zeigen bereits ein anderes System, die Hydraulik. Im Jahre 1828 hatte sich in Bitonto ein Mann aus Aix-en-Provence mit Namen Pietro Stefano Tuttisanti Ravanas niedergelassen. Er besaß profunde Kenntnisse im Maschinenbau und in der Landwirtschaft. So verbesserte er die Mahlkapazität der Mühlen dadurch, daß er die Anzahl der Mühlräder auf drei erhöhte. In Bitonto, im Oleificio del Comune, installierte er die erste hydraulische Presse, den *Torchio idraulico.* Am 10. Januar 1836 wurde Ravanas von Ferdinand II. von Bourbon, König beider Sizilien, geehrt — *»per aver ridotto a perfezione il modo di estrarre l'olio«*, da er die Methode Öl zu gewinnen perfektioniert habe. Das führte in den apulischen Städten Bitonto, Terlizzi, Bisceglie, Molfetta, Giovinazzo, Modugno, Bitetto und Bari zu grundlegenden Änderungen in der Olivenölherstellung.

Auch dieses System der hydraulischen Pressen ist inzwischen überholt. Nur als Möbel- und Dekorationsstücke zieren sie heute das eine oder das andere *Frantoio.* Gleiches Schicksal erlitten auch die Mühlen. Zur Bewegungslosigkeit erstarrt, beherrschen sie aber noch immer den Raum, wo heute Knoblauch, Heiligenbild und Zwiebel, Leitern, Waschbrett und Eisschrank eine durchaus liebenswerte Unordnung bilden. Viele Mühlen wurden abmontiert und »zu Grabe getragen«. So gibt es in einem flachen Tal bei Bitonto, das den Namen *Lama di Macina*, Tal der Mühlräder, trägt, wahrhaftig einen Mühlstein-Friedhof. Hier befand sich früher ein Steinbruch. Aus seinen Steinen formte man die Mühlräder. Jetzt sind sie an die Stätte ihrer Geburt zurückgekehrt und der Erde wiedergegeben worden, umgeben von Ölbäumen, aus deren Früchten sie einst das Öl gewannen.

»Friedhof« der Mahlräder in der Nähe von Bitonto

Bitonto, die Stadt der Olivenbäume

Nördlich von Bari liegt das Städtchen Bitonto, das den Beinamen *Città dell'olivo,* – die Stadt des Ölbaums, trägt. In der Tat gleicht es, von welcher Himmelsrichtung man immer sich ihm nähert, einer Lichtung in dem silbriggrünen Ölbaumwald auf blühenden Wiesen. Bis zu 1,5 Millionen Bäume sollen es sein, die den Bewohnern der Stadt gehören, und die von den sanft abfallenden Hügeln der Murge bis zu den Ufern der Adria gewachsen sind. Als sagenhafter Gründer der Stadt gilt der mythische König Botone, der, aus Illyrien kommend, sich mit seinem Volk hier niedergelassen haben soll. Dies war erst möglich, nachdem er im Bündnis mit den apulischen Völkern, den Peuketiern und den Messapiern, die dorischen Griechen im Golf von Tarent besiegt und mit ihnen Frieden geschlossen hatte. Zum Beweis, daß er und sein Volk den Frieden liebten, soll er deshalb für das Stadtwappen Bitontos den Ölzweig oder gar den Ölbaum als Symbol des Friedens eingeführt haben. Auf den Stadttoren ließ er zudem die Inschrift anbringen: *Hic habitant gentes tranquilla pace fruentes.* (Hier wohnen Menschen, die den stillen Frieden lieben.)

Zunächst als Zentrum der Japyger – ein aus Kreta oder Attika stammendes Volk –, dann der Apulier, erwuchs Bitonto zu einem Verbündeten Roms, das es zum *Municipium*, zur Stadt, erhob und mit Ländereien versah, die unter die Siedler längs der Via Traiana und der Via Mulattiera, Maultierstraße, nach Egnazia aufgeteilt wurden. Die Herkunft des Ölbaumes wird in Bitonto aber auch der Göttin Athene zugeschrieben. Bitonto besaß einen Haupttempel der Göttin auf der Akropolis des römischen *Municipium*, der Stadtbehörde. Unter den Fragmenten eines Altars, die bei Ausgrabungen zum Vorschein kamen, befand sich neben einer Weihinschrift an Athene auch ein Relief mit dem Haupt der Medusa. Athene hatte der Sage nach das Haupt von Perseus erhalten und es zur Abschrekkung an ihre *Aigis*, den Brustpanzer, geheftet. Wer das schlangenumwundene Medusenhaupt erblickte,

Bitonto, Apulien

Olivenhain mit Ölbäumen der Sorte Ogliarola
in der Nähe von Bitonto

wurde in Stein verwandelt. Somit wurde das Haupt zum Wahr- und für uns zum Erkennungszeichen der Athene. Aus dem 4. und 3. Jahrhundert v. Chr. haben sich Bitontiner Münzen erhalten, die den Kopf der Athene oder ihr Wappentier, die Eule auf einem Ölzweig, mit der griechischen Inschrift *BYTONTINΩN* zeigen. Auch fand man Gefäße, auf denen die Eule zwischen Ölzweigen abgebildet ist. In römischer Zeit wurde Athena von Minerva abgelöst. Und nicht nur in Bitonto und bei den apulischen Völkern, sondern in ganz Italien wurde sie als Schutzherrin des Ölbaumes angesehen. Daß dies auch heute noch symbolisch gilt, zeigt uns die 100-Lire-Münze, auf der Minerva mit einem Olivensetzling dargestellt ist.

Im Mittelalter wurde ein Bitontiner Ölmaß, das *Stareum olei Botonti*, zur internationalen Maßeinheit für Olivenöle. So ist überliefert, daß im Jahre 1089 der Erzbischof von Acerenza in der Basilikata eine Öl-stiftung an den Heiligen Stuhl in Rom *ad mensuram starei olei Botonti* – nach der Bitontiner Maßeinheit – ausführen ließ. Eine ähnliche Maßeinheit, das *Stareum Sancti Nicolei*, ist aus der Nachbarschaft Bari bekannt. Die Anjous und die Aragonesen, die Nachfolger der Hohenstaufen in Apulien, bezeichneten Bitonto als Stadt der Oliven, *Urbs olivarum.* Und auf den Mauern der Stadt ließen sie auf Epitaphen die Worte schreiben: *Oliva speciosa in campis … in oliva et leonibus gloria est.* (Die Olive ist die Würze im Lande … der Olive und den Löwen gebührt der Ruhm). Auf einigen Wappenschildern in Stein aus dem 13. Jahrhundert, die an den Stadttoren und mehreren Gebäuden Bitontos angebracht sind, befindet sich folgende Inschrift: *Ad pacem promptum designat Oliva Botontum* (Durch die Olive ist Bitonto dem Frieden geweiht). Doch sie ist unvollständig, denn ein Teil liegt unter Putz – mit Grund! Ein Dokument schuf Klarheit: *Gens Bituntina bestia nata et asinina …* (Die Bitontiner sind als Tiere und Esel geboren …)

Skyphos, Trinkschale mit der Eule,
dem Wappentier von Athene, apulisch, 3. Jh. v. Chr.,
Würzburg, Martin von Wagner Museum

100-Lire-Münze mit der Göttin Minerva (Athene)

Steinwappen mit Ölzweig, 14. Jh., Corte Ducale, Bitonto

Man schreibt sie dem Hohenstaufenkaiser Friedrich II. zu. In einem Hymnus des Humanisten Angelo Apulo Sangirini, um 1570 zu Ehren des Benediktiners Beato Giovanni Apulo verfaßt, wird der Ruhm Bitontos nicht nur wegen der Helden, die die Stadt hervorgebracht habe, sondern vor allem wegen seiner Zierde, der früchtetragenden Olivenbäume, betont. So heißt es dort überschwenglich, daß die Stadt Bitonto glücklich und geehrt sei unter allen Städten Apuliens, da sie mit herrlichen Olivenhainen und mit fruchtbaren Ölbäumen geschmückt sei. Und voll Stolz erinnern sich die Olivenbauern an die Worte von Papst Johannes Paul II. anläßlich seines Besuches in der Stadt am 26. Februar 1984, mit denen er Bitonto als eine Stadt pries, die schon immer im Ölbaum ihr kostbarstes Symbol und ihre ureigenste Verpflichtung sah.

Im Laufe der Jahrhunderte war Bitonto zu einer der größten Olivenölproduktionsstätten und Handelsplätze Italiens herangewachsen. Unternehmerische Familien aus Ravello und Amalfi konnten ihre Stellung neben den großen Warenlagern und Handelshäusern der Venezianer, Florentiner und Lombarden festigen. Die Händler der Medici, der Bembo oder der Bragadin sorgten ebenfalls für den Handelsumsatz der Stadt. Im 18. Jahrhundert gab es schließlich in der Stadt über 300 Ölmühlen. Davon sind noch etwa 100 vorhanden, allerdings fast alle verlassen oder verfallen. Und im weiten Umkreis halten sich unter den Wipfeln der Ölbäume noch immer mehr als 40 Ruinenkomplexe ehemaliger Ölmühlen der Feudalherren des 13. bis 16. Jahrhunderts versteckt. Heute sind es rund zwanzig hochmoderne Anlagen, die das Bitontiner Olivenöl *Cima di Bitonto (Ogliarola)* erzeugen.

Bitonto besitzt eine liebenswerte Tradition. Alljährlich am 8. Dezember, an Mariä Empfängnis, veranstaltet man zu Ehren der Stadtpatronin Maria sozusagen als Dankfest für die gute Olivenernte von der Kathedrale ausgehend eine Prozession, die durch die ganze Innenstadt verläuft. Dabei wird die vergoldete Statue der Jungfrau Maria, die über und über mit Oliven und Ölzweigen geschmückt ist, auf den Schultern der Bitontiner mitgeführt. Und in allen Gassen und Plätzen liegt der unverkennbare Duft des frisch gepreßten Olivenöls, denn es ist die Zeit der Ernte, die gewöhnlich von November bis Januar stattfindet. Auf den Balkonen der Häuser flackern bunte Lichter, Kerzen und Glühbirnen. Einst waren es Öllämpchen, die die Bewohner zu Ehren der Jungfrau über Nacht hier aufstellten und die über der unten vorbeiziehenden Prozession eine frohe Stimmung verbreiteten. Zu Weihnachten 1986 hatte man das erste Mal vor dem Stadttor, der sogenannten Porta Baresana, einen Olivenbaum, der in einem großen Kübel gepflanzt war, aufgestellt und ihn mit vielen bunten Lichtern in einen Weihnachtsbaum verwandelt. Für eine Gegend, wo Fichten und Tannen Seltenheitswert besitzen, sicherlich eine realistische und auch hübsche weihnachtliche Bereicherung.

Mit Oliven und Ölzweigen geschmückte Madonna
in der Kathedrale von Bitonto

Die Ölbaumsorten Apuliens

In Italien gibt es etwa 50 Ölbaumarten. Die am meisten vertretenen Sorten verteilen sich wie folgt auf die unterschiedlichen Regionen:

Norditalien:
Casaliva, Frantoio, Leccino, Moraiola, Pendolino, Toggiasca

Mittelitalien:
Agogia, Carboncella, Corregiolo, Dolce, Dritta, Frantoio, Gentile, Leccino, Moraiola, Pendolino, Rosciola, Sargano

Süditalien:
Biancolilla, Carboncella, Carolea, Cellina di Rotello, Coratina, Dritta, Gentile di Chieti, Gentile di Larino, Leccino, Moresca, Ogliarola

Sizilien:
Biancolilla, Giarraffa, Moresca, Nocellara del Belice, Ogliarola, Palumara, Tonda Iblea

Sardinien:
Bosana, Palma (algerisch), Tondo Sassarese

In Apulien werden überwiegend die Sorten Coratina, Ogliarola Barese/Cima di Bitonto, Cellina di Nardo/Oliva di Lecce und Cima di Mola angebaut. Von ihnen gehören nur die beiden zuletzt genannten Arten zu dem Typ des großen, mächtigen Ölbaums. Nördlich von Bari, bei Bitonto und Corato, trifft man in den flachen Ebenen vorwiegend die Sorten Ogliarola und Coratina an. Je nach Baumgröße, je nach Pflanzungsdichte in einem Olivenhain und je nach den Bodenverhältnissen, ob auf Terrassen oder in der Ebene, prägt der Ölbaum weitgehend und sehr individuell die apulische Landschaft. Am Monte Gargano, dem Sporn des italienischen Stiefels, wo mehr die kleineren Baumsorten beheimatet sind, wechseln sich Terrassenanlagen auf den Hügeln mit Ölbaumplantagen in der Ebene des Küstenbereichs ab. Doch die Terrassen sind zum großen Teil verlassen. Es ist zu mühsam und unrentabel geworden, mit Esel oder Maultier die für Autos unzugänglichen Gebiete aufzusuchen.

Auch die sanft ansteigenden Hänge der südlich von Bari parallel zum Meer verlaufenden Hügel sind terrassiert und mit Ölbäumen bepflanzt. Während wir hier ebenfalls die kleinen Baumsorten finden, breiten sich unten in der Ebene zwischen Fasano und Ostuni die mächtigen Bäume der Sorte Cima di Mola aus. Je näher man diesem Wald kommt, desto seltsamer erscheinen einem die struppigen urigen Gesellen, aus denen er besteht. So gleichen die fülligen und dichten Baumkronen eher mächtigen Würfeln und Kugeln und die Stämme eher gewaltigen, mit Skulpturen verzierten Pfeilern. Vor 500 oder gar vor 1000 und mehr Jahren entstanden, stellen sie die phantastischsten und launischsten Schöpfungen der Natur dar, die man sich denken kann. Ursprünglich sind sie wild gewachsen und wurden erst später von Menschenhand veredelt.

Ölbaum der Sorte Ogliarola mit dem typischen Y-förmigen Stamm, Palombaio, Bitonto

Monostämmiger Ölbaum vom Typ Coratina, Azienda Agricola Conte Spagnoletti, Andria, Apulien

500-800 Jahre alte Ölbäume der Sorte Cima di Mola, in der Nähe von Fasano, Apulien

Olivenhain im Stil eines englischen Parks
bei Ostuni, Apulien

Ölbäume
der Sorte Cima di Mola
in der Nähe von Fasano, Apulien

Terrassierter Olivenhain in der Nähe von Fasano,
Apulien

Wen wundert es, daß die Haine den Griechen und Römern heilig waren und sie in den Bäumen die Wohnstätten von Gottheiten, Satyrn, Nymphen oder Dämonen erblickten oder die Bäume gar für verwandelte Menschen hielten. Nach einer von vielen Versionen in der griechischen Mythologie gebar Leto, eine der Gattinnen von Zeus, unter einem schattenspendenden Olivenbaum ihre Kinder Artemis und Apollo. Diese hatte sie von Zeus in Didima bei Milet empfangen. Leto durfte jedoch nur an einem Ort gebären, den die Sonne noch nie beschienen hatte, so wollte es die eifersüchtige Hera. Auf der Suche nach einem solchen Platz kam Leto auch nach Delos. Dort fand sie einen Ölbaum. Als die Wehen immer stärker wurden, umfaßte sie mit beiden Armen den Stamm und mit beiden Füßen kniete sie auf der weichen Wiese. Es wird erzählt, daß sich in diesem Augenblick über ganz Delos ein betörender Duft ausgebreitet habe und singende Schwäne siebenmal die Insel umkreist hätten. Und als die Kinder geboren waren, vergoldeten sich die Fundamente von Delos, der Teich auf der Insel leuchtete golden, der Fluß Inopos führte goldenes Wasser und die Blätter der Olive vergoldeten sich ebenfalls. Seitdem wurden auf Delos und anderswo Olivenbäume für lange Zeit als die Geburtsstätten von Artemis und Apollo verehrt.

Von Apollo wissen wir – inzwischen ist er längst erwachsen und Liebesabenteuern sehr zugetan –, daß er die schöne Daphne begehrte und sie deshalb verfolgte. Voller Angst flehte sie zu Zeus, daß er sie zu sich nehmen solle. Doch dieser verwandelte sie in einen Baum, der nach ihr Daphne-Lorbeer genannt wurde. So war sie vor Apollo in Sicherheit. Da er in den Lorbeerbäumen das schöne Menschenkind Daphne erblickte, verehrte Apollo zeitlebens diese Baumart besonders. Vom Olivenbaum ist uns eine so poetisch wehmütige Liebes- und Verwandlungsgeschichte leider nicht überliefert. Aber vielleicht besäßen wir eine, wenn Daphne sich Oliva genannt und Zeus sie statt in einen Lorbeer- in einen Olivenbaum verwandelt hätte. Doch das wäre ja nicht gegangen, denn Athene hatte den Ölbaum ja bereits den Menschen geschenkt.

Auch eine andere Verwandlungsszene hat mit dem Ölbaum direkt wenig zu tun, aber wenn der Dichter derselben die Olivenhaine von Apulien gekannt hätte, hätte er die Handlung auch dorthin verlegt. In der *Divina Commedia* beschreibt kein Geringerer als Dante Alighieri bei seinem Gang durch die Hölle den Wald der Selbstmörder:

Ein Wehgeklage hört ich ringsumher, doch
nirgends sah ich einen Klagenden und mußte wirr
und ratlos stehenbleiben. ...
Drum sprach der Meister: »Wenn von diesen Zweigen
du aus dem Buschwerk einen dir herausbrichst,
wird all die Meinung, die du hegst, geknickt.«
Nun schob ich meine Hand ein wenig vor, ergriff
das Ästchen eines großen Dornstrauchs, da schrie
der Stumpf: »Warum zerbrichst du mich?«
Und bald geschwärzt vom eigenen Blute, rief er:
»Warum zerreißest du mich so und hast kein
Mitgefühl und kennst keine Schonung? Wir waren
Menschen, jetzt sind wir Gestrüpp; und wenn wir
Schlangenseelen wären, müßte mir zarter wahrlich
deine Hand begegnen!«

Fast will es scheinen, als wären diese klagenden Worte von dem hier abgebildeten silhouettenartigen Wesen gesprochen, das, noch kurz zuvor ein Mensch, doch jetzt in Zweigen und Ästen erstarrt, auf so grauenvolle Art sich verwandelt findet.

Olivenhain im Frühling mit Bäumen
der Sorte Cima di Mola bei Ostuni

Ölbaum oder mystisches Wesen?
Palombaio, Bitonto

Eine andere Geschichte ist der Vita des heiligen Nikolaus von Myra entnommen. Nikolaus, Bischof in Myra bei Antalya in Lykien, Südtürkei, wurde von den Bewohnern von Platoma um Hilfe gerufen, denn ein Geist, ein unreiner Dämon von schlangenartigem Wesen, unter dem Schutz der Göttin Artemis stehend, bedrohte die Ernte und fügte den Bauern großen Schaden zu. Alle Versuche, den Dämon, der in einem gewaltigen Baum wohnte, zu vertreiben, waren fehlgeschlagen. Auch hatte es schon Tote gegeben. Nikolaus, unter dem betreffenden Baum – nach der einen Version eine Zypresse, nach einer anderen ein Olivenbaum – angekommen, befahl den Umstehenden beiseite zu treten, da er den Baum mit der Axt fällen wolle. Er hatte das Vorhaben des Geistes erkannt, der den umfallenden mächtigen Stamm auf die Menschen richten wollte, damit sie starben. Mit kräftigen Schlägen brachte er den Baum zu Fall, ohne daß jemand zu Schaden kam. Der Geist, seiner Wohnung beraubt, mußte fliehen und ward für immer aus der Gegend verbannt.

Auch Äsop, dem man nachsagt, daß er um 550 v. Chr. die Fabeldichtung begründet habe, befaßte sich mit dem Ölbaum und nahm ihn in seine Geschichten auf. So stellte er ihn dem Grashalm gegenüber und verglich ihr Verhalten bei stürmischem Wetter. Während der Grashalm von dem Wind einfach zu Boden gedrückt wurde und sich danach wieder aufrichtete, mußte der Ölbaum einige Äste und Zweige lassen, die dem Wind allzusehr Widerstand geleistet hatten.

Im südlichen Teil Apuliens, bei Massafra und Tarent, stellt sich die Landschaft wieder ganz anders dar als in Mittel- oder Nordapulien. Hier gleichen die Olivenhaine sorgfältig gepflegten grandiosen Parkanlagen, die zum Spaziergang und zum Verweilen einladen. Die Ölbäume gehören vornehmlich der Sorte Cima di Mola und Cellina di Nardo an. Auch fallen einem Bilder der Maler des 17. und 18. Jahrhunderts ein, auf denen feuchtfröhliche Gelage mit allerlei neckischen Spielen unter mächtigen, schattenspendenden Bäumen dargestellt sind.

Die Anzahl der Ölmühlen in Apulien wird auf circa 1400 geschätzt. Davon befinden sich über 60% in privater Hand, 18% gehören Gutshöfen auf dem Lande an und 19% sind genossenschaftlich organisiert. Die meisten Olivenbauern haben sich einer Genossenschaft oder einem Verband – *Cooperativa* oder *Associazione* – angeschlossen. Die Mitgliedschaft bringt für sie viele Vorteile: Je nach Satzung können sie einen Teil oder ihre gesamte Olivenernte zum Mahlen bringen und den Ölverkauf den Genossenschaften überlassen. Für die Bestellung ihrer Olivenhaine erhalten sie einen bestimmten Betrag, der mit den angelieferten Oliven verrechnet wird. Zudem informiert und berät sie ihre Genossenschaft – jedenfalls sollte sie es – über alles, was für den Olivenanbau notwendig ist. Dazu zählen besonders die Aufzucht, das Beschneiden und Bewässern, das Düngen, die Bekämpfung von Ungeziefer und Krankheiten sowie die Ernte. Die damit zusammenhängenden Probleme sind keinesfalls neu. Daß sie schon den Griechen und den Römern wohlbekannt waren, wurde bereits gesagt.

Kehren wir einmal 2500 Jahre zurück bis in die Zeit der Etrusker: In Tarquinia wurden in der Totenstadt zahlreiche Gräber mit Ölbaumdarstellungen entdeckt. In einem der Gräber, der Tomba dei Leopardi, befinden sich an den Wänden der unterirdischen Grabkammer gut erhaltene und farbenprächtige

Fresko in der unterirdischen Grabkammer der Tomba dei Leopardi, um 500 v. Chr., Tarquinia

Fresken. Dargestellt ist ein Festgelage mit Tänzern und Musikanten. Junge Olivenbäume zeigen einen Olivenhain als Ort des Festes an. Zu Füßen der Tafelnden erkennt man eine Reihe von Olivensetzlingen. In den Zweigen der Bäume tummeln sich Vögel, die von den Oliven naschen. Es sind Drosseln und Stare. Alljährlich im November und Dezember fallen sie in Süditalien und vorwiegend in Apulien in großen Schwärmen über die reifen Oliven her. Auf ihrem Weiterflug scheiden sie irgendwo die unverdaulichen Olivenkerne aus, die in das Erdreich eindringen und Triebe bilden. Seit Jahrtausenden haben so die Drosseln und Stare das Ihre zur Verbreitung und Vermehrung der Oliven beigetragen.

Szene aus dem Fresko in der unterirdischen Grabkammer, der Tomba dei Leopardi, um 500 v. Chr., Tarquinia

Der Trieb, der aus den von den Vögeln »gesäten« Olivenkernen sprießt, ist der Natur des Olivenbaums entsprechend ein Wildling, also ein Oleaster oder ein Olevastro, je nach Herkunft der Olive. Ein Oleaster ist ein Abkömmling aus einer gesäten Olive, die von einem Wildling (Oleastro) stammt. Ein Olevastro hingegen ist ein Abkömmling aus einer gesäten Olive eines kultivierten Ölbaumes. Die so in das Erdreich eingedrungene Olive – auch die von einem Baum abgefallene – ist kein Garant für eine Vermehrung der Olivensorte, der der elterliche Baum angehört. Vielmehr besitzt sie ausgeprägt heterogene, also verschiedenartige, Eigenschaften, die nach einer langen

Wachstumsphase, während der es noch zu keiner Fruchtbildung kommt, zum Heranwachsen einer Olivenpflanze führt, deren Sortenzugehörigkeit nicht vorherbestimmt werden kann. Das heißt, daß eine Olive, die z. B. der Sorte Coratina angehört, beim Auskeimen und Heranwachsen nicht mehr dieser Sorte angehören muß. Sie verwildert sozusagen. Man kann aber, um das Verwildern auszuschließen, durch Veredelung der aus den gesäten oder gesteckten Oliven entstandenen Setzlinge die gewünschte Olivensorte erhalten. Diese Veredelung erfolgt durch Aufpfropfen von jungen Trieben der ausgewählten Olivenbaumsorte, denn diese enthalten ganz die genetischen Eigenschaften ihres Mutterbaumes.

Die Veredelung durch Pfropfen wurde schon vor Tausenden von Jahren angewandt. Man suchte sich die ganz spontan in der Macchia des Mittelmeerraumes herangewachsenen rund vier bis fünf Jahre alten Olivenbäumchen und pfropfte ihnen die gewünschte Sorte auf. Oft ließ man die Wildlinge dort, wo sie gewachsen waren, und kultivierte »vor Ort«. Im Laufe der Zeit entstanden dann an dieser Stelle, wo zuvor noch dichte Macchiabestände busch- oder waldartig die Landschaft geprägt hatten, bald wohlgepflegte Olivenhaine. Manchmal grub man die Wildlinge aber auch aus, pflanzte sie in einem bereits kultivierten Gebiet wieder ein und veredelte sie, sobald sich der Wildling von dem Umzug erholt hatte. Diese Methode wird auch heute noch vereinzelt angewandt. Der Vorteil liegt in der Widerstandskraft der Wildlinge. Allerdings ist der Arbeitsaufwand beträchtlich.

Ein anderes antikes System – es wird von Homer in der *Ilias* erwähnt –, das ebenfalls noch nicht in Vergessenheit geraten ist, ist die Aufzucht von Schößlingen bzw. Sprößlingen, die am Fuße der Olivenbäume emporschießen. Sie werden mit den Wurzeln ausgegraben und an geeigneter Stelle neu eingepflanzt. Ihre Früchte sind von derselben Sorte, der der elterliche Baum angehört. Heute sät man in den Pflanzenschulen entsprechend vorbehandelte Oliven, die den allgemein bekannteren Sorten angehören. Nach etwa eineinhalb Jahren werden die Schößlinge mit der gewünschten Sorte veredelt. Im dritten Jahr ist die Pflanze dann soweit, daß sie an ihrem endgültigen Standort eingepflanzt werden kann.

Eine andere Aufzuchtmethode besteht im Einpflanzen von Setzlingen. Sie war Griechen und Römern bereits geläufig, geriet dann aber etwas in Vergessenheit. Erst in neuester Zeit hatte sich die italienische Forschungsgemeinschaft Centro Nazionale delle Ricerche mit Sitz in Perugia unter Leitung von G. Fontanazza wieder intensiver damit befaßt. Nach einer Behandlung mit wurzelbildenden Hormonen werden Setzlinge, die von ausgewählten Ölbaumsorten geschnitten werden, in einen unaktiven, also keine Nährstoffe enthaltenden, aber Feuchtigkeit anziehenden Boden gesteckt. Dabei muß eine konstante Luftfeuchtigkeit von 100 Prozent herrschen. Diesen Effekt erreicht man in beheizbaren Kästen, die mit transparenten Plastikfolien überzogen sind und einen ständigen Gasaustausch zulassen. Die Setzlinge bilden innerhalb von 30 bis 60 Tagen Wurzeln und werden dann in Erde enthaltende Töpfe umgepflanzt. Bei entsprechend sorgfältiger Behandlung wachsen die jungen Pflanzen innerhalb eines Jahres so weit heran, daß sie die nötige Lebensfähigkeit besitzen und auf dem freien Feld angepflanzt werden können. Der Vorteil dieses Systems liegt vor allem darin, daß man Pflanzen zur Aufzucht erhält, die, genetisch gesehen, völlig identisch mit ihrer Mutterpflanze sind. Zusätzlich erhält man eine einheitliche Bepflanzung sowie eine frühzeitige Fruchtbildung. Technisch gesehen, ist das System sehr einfach. Jeder Olivenbauer könnte es auf seinem eigenen Grund und Boden praktizieren. Außerdem sind die anfallenden Unkosten sehr niedrig.

Aufzucht von Olivensetzlingen
in der Masseria Guaccero, Palo del Colle,
Bari, Apulien

Verschiedene landwirtschaftliche Güter, so auch die Azienda Agricola von Mimmo Guaccero bei Palo del Colle, nördlich von Bari, haben die Technik direkt von G. Fontanazza übernommen und wenden sie erfolgreich an. Auf der Azienda Guaccero wurde zudem ein System zur Mechanisierung des Veredelungsverfahrens entwickelt, das Mimmo Guaccero seit einiger Zeit mit Erfolg an seinen Bäumen ausprobiert. Mit Hilfe einer kleinen Spezialzange wird von einem Olivenzweig der ausgewählten Olivensorte ein knospentragendes, aber sonst winziges Stückchen abgezwickt und in ein kleines mit dem Bohrer vorbereitetes Loch an einem Ast des zu veredelnden Baumes gesteckt.

Mit dem Einpflanzen von jungen Ölbäumen wurde bereits von den Griechen ein schicksalsträchtiger Symbolgehalt verbunden. So war es in Athen Sitte, bei der Geburt eines Knaben ein Olivenbäumchen als Schicksalsbaum zu pflanzen, an dessen Entwicklung der Lebensweg des Jungen eng geknüpft war. Auch das Anpflanzen durch hohe Persönlichkeiten – die Göttin Athene war dabei wohl das große Vorbild – galt als Ehre und symbolischer Beitrag zur Mehrung der Erträge. Einen solchen Beitrag leistete am 27. November 1889, so ist es im Protokoll aufgezeichnet, Viktoria, die deutsche Kaiserin und Witwe des deutschen Kaisers Friedrich III., die zusammen mit ihren beiden Töchtern auf ihrer Yacht in Tarent vor Anker gegangen war. Sie waren zu Gast auf dem nahe gelegenen Landsitz Leucaspide, der dem Senator Giacomo

Veredelung eines Ölbaumes mittels Aufpfropfen eines Sprößlings: Anfangsstadium (unten) und nach wenigen Monaten (oben).

Lacaita gehörte. Es war genau um 15.30 Uhr, als Ihre Majestät im Garten der Villa einen Olivenbaum pflanzte. Eine Marmortafel und ein kleines Schild am Stamme des Ölbaumes erinnern an den Vorgang von damals. Der Gastgeber hatte die Gewohnheit, von seinen Gästen als Erinnerung an ihren Besuch einen Ölbaum pflanzen zu lassen. So befinden sich heute im Garten neben dem kaiserlichen Baum noch zahlreiche andere Bäume illustrer Persönlichkeiten.

Beim Anlegen eines modernen Olivenhaines müssen verschiedene Faktoren gleichzeitig berücksichtigt werden, damit auf Dauer gute Erträge und Gewinne erzielt werden können. Entscheidend ist dabei auch die Bearbeitung des Erdreichs, z.B. die Nivellierung des Bodens, die Düngung der tieferen Erdschichten und das dadurch bedingte Pflügen mit tiefer Pflugschar. Wo das Terrain sich als felsig erweist, sollte das Gestein durch große Preßlufthämmer oder mittels Sprengungen zerkleinert werden. Dies ist notwendig, damit sich die Baumwurzeln besser im Erdreich ausbreiten können. Auch die Wuchsform der jungen Olivenbäume ist von großer Wichtigkeit. Die bekannteren davon sind der vasenförmige Typ (Ogliarola/Cima di Bitonto), eine Ölbaumsorte, bei der der Stamm einem Y gleicht, und der sogenannte monostämmige Baum. Der letztere Typ, zu dem die Sorte Coratina zählt, eignet sich besonders für die mechanische Ernte durch Rüttelmaschinen.

Bei der Auswahl der Ölbaumsorte, die man anpflanzen will, müssen die Bodenbeschaffenheit und die klimatischen Verhältnisse unbedingt berücksichtigt werden. Nur bei richtiger Entscheidung darf man qualitativ hochwertige Ergebnisse erhoffen. Ein in diesem Sinn angelegter Olivenhain benötigt, wenn er rationell genutzt und betrieben werden soll, sorgfältigste Pflege und Behandlung. Wachstum und Fruchtbildung werden durch die Bearbeitung des Bodens günstig beeinflußt, ebenso durch Düngung, Beschneidung der Äste und durch Bewässerung.

Um die Pflanzen, besonders die Blüten und die Früchte, vor Parasiten zu schützen, müssen sie, falls nötig, mit antiparasitären Mitteln behandelt werden. Diese Mittel sollen die Pilzbildung, Fäulnis und Insektenbefall – gefürchtet ist die Ölfliege, die *Mosca olearea* – verhindern. Denn im Gegensatz zum Baum selbst sind seine Blüten und Früchte sehr empfindlich. Lange Regenperioden zur Blütezeit fördern die Bildung von Krankheiten und Larven, aus denen dann die Ölfliege entschlüpft. Die Olive schrumpft und fault, was zu starken Geschmackseinbußen und damit zu Qualitätsverlusten führt. Die Behandlung sollte aber nur mit hohem Sachverstand erfolgen, damit gesundheitliche Schäden beim Konsumenten vermieden werden. So ist bei der Anwendung von Insektiziden z.B. darauf zu achten, daß diese wasserlöslich und nicht fettlöslich sind. Im ersteren Fall verbleiben sie nur in dem wäßrigen Teil des aus der Olive ausgepreßten Öl-Wasser-Gemischs und werden in der Zentrifuge mit dem Wasser wieder ausgeschieden (siehe dazu weiter unten). Im letzteren Fall jedoch können sie noch im Öl angetroffen werden, besonders dann, wenn unerlaubterweise noch kurz vor der Ernte die Oliven damit besprüht worden sein sollten.

Große Bedeutung kommt auch dem Baumschnitt zu, der viel Berufserfahrung und Kenntnisse über das Wachstumsverhalten der Bäume verlangt. Mit ihm will man eine quantitativ und qualitativ höhere Fruchtbildung erzielen sowie eine größere Licht- und Luftdurchlässigkeit der Baumkrone. Nicht zuletzt dient er auch dazu, die Ernte zu erleichtern und die gewählte Wuchsart des Baumes beizubehalten. Manchmal kommt es dabei auch zu recht eigenwilligen und wunderlichen Erscheinungen. So kann man gerade in den Olivenhainen an der Straße von Bitonto nach Palombaio auch »Etagen«- und »Schlangen«-Bäumen begegnen.

Ölbaum der Sorte Ogliarola vor dem Schnitt,
Masseria Guaccero, Palo del Colle, Bari, Apulien

Vorbereitung des Erdbodens für die Olivenernte,
Masseria Accetta Grande, Massafra, Tarent

Ölbaum der Sorte Ogliarola nach dem Schnitt, Masseria Guaccero, Palo del Colle, Bari, Apulien

Die Erntezeit beginnt etwa Mitte November und dauert je nach Lage und Klima bis in den Februar oder sogar April hinein. Das Ernten ist keine leichte Arbeit. Bei Wind und Wetter (um diese Zeit ist es oft empfindlich kalt, es regnet häufig und anhaltend und manchmal schneit es auch) fahren die Pflücker schon um fünf Uhr morgens zu ihren Olivenbäumen hinaus, um gegen 13 Uhr wieder die Heimfahrt anzutreten, die über die Ölmühle führt. Denn dort werden die Oliven gleich abgeliefert. Früher waren es zweirädrige Karren, von Maultieren gezogen, heute ist es das Auto.

Um sich in der kalten und feuchten Morgenluft aufzuwärmen, entfachen sie oft ein Feuer. Darinnen braten sie frischgepflückte Oliven. Dann machen sie sich an die Arbeit. Mit langen Leitern, großen Tüchern, Säcken, Kisten, Stöcken, kleinen Handrechen sowie mit Kehr- und Rüttelmaschinen wandern sie von Baum zu Baum, um endlich nach langer arbeitsaufwendiger, mit Bangen durchstandener Wartezeit die reifen Oliven zu ernten, die ihnen Öl und Gewinn verheißen.

Qualität und Geschmack des Öls hängen fast ausschließlich von der Erntemethode und der Olivensorte ab. In Apulien werden im Prinzip zwei traditionelle Erntemethoden angewendet. So pflückt man im nordwestlichen Raum von Bari die Oliven von Leitern aus direkt mit der Hand, wobei man sich eines kleinen kammartigen Rechens bedient. Mit ihm, aber auch mit der behandschuhten Hand, werden die Oliven von den Zweigen abgestreift. Es ist – immer die Qualität des Öls vor Augen – die mit Abstand empfehlenswerteste Erntemethode. Die Oliven fallen hierbei auf untergelegte Tücher. Oft hilft man mit langen Stangen nach, um auch die von der Leiter aus schwer erreichbaren Oliven noch zu ernten. Auf einer griechischen Amphore hatten wir diese Ernteart der Griechen vor 2500 Jahren bereits kennengelernt. Die unter den Bäumen ausgebreiteten Tücher schützen die Oliven vor Bodenberührung. Außerdem erleichtern sie das Einsammeln. Längeres Liegen, besonders auf dem Erdboden, erhöht den Obst- bzw. Ölsäuregehalt des Öls, der sich geschmacks- und wertmindernd auswirkt. Deshalb möchte man ihn so niedrig wie möglich halten. Doch diese Erntemethode des Handpflückens ist, da sie überwiegend nur von Leitern aus durchgeführt werden kann, langwierig und mühsam. Deshalb kommen auch nur die kleinen Ölbaumsorten wie zum Beispiel Coratina und Cima di Bitonto dafür in Frage.

Olivenernte mit Leiter und Handrechen (oben) und Plücker beim Aussortieren der geernteten Oliven (rechts oben), Masseria Cuonzo, Palombaio, Bitonto

Einsatz von Schüttelmaschinen, Azienda Agricola Conte Spagnoletti, Andria

Einsatz von Kehrmaschinen, Masseria dell'Erba, Monopoli

Ein Arbeiter pflückt in sechs bis sieben Stunden zwischen 100 und 200 Kilogramm Oliven. Das durchschnittliche Ernteergebnis beläuft sich bei den genannten Ölbaumsorten auf ungefähr 30 Doppelzentner Oliven pro Hektar Land. Dabei muß berücksichtigt werden, daß der Ölbaum jedes zweite Jahr einen etwas geringeren Ertrag erwarten läßt. 20 Prozent der Olivenernte ergeben in der Regel die Menge des Olivenöls. Das sind also pro Hektar um die 6 Doppelzentner Öl, das nach Gewicht bemessen wird.

Wesentlich schneller und kostensparender ist die bei den großen Bäumen, wie Cima di Mola und Cellina di Nardo, und zum Teil auch bei den kleineren Baumarten wie Coratina, die der monostämmigen Baumsorte angehört, angewandte neuere Methode des Schüttelns mit Maschinen. Gewaltige Greifarme packen den Stamm oder einen der Hauptäste, und durch ein nur Sekunden andauerndes Vibrieren fallen die reifen Oliven sofort auf die auf dem Boden ausgebreiteten Tücher und Netze oder auf einen sorgfältig von Steinen und Unkraut gesäuberten sowie gewalzten Erdboden. Im letzteren Fall werden die Oliven mit der Hand oder mittels Kehrmaschinen zusammengekehrt. Die großen Ölbäume können zwischen 80 und 700 Kilogramm Oliven tragen. Der Durchschnitt beläuft sich auf circa 300 Kilogramm. Die Maschinen leeren bei einem Einsatz von zwei bis drei Stunden bis zu 100 Bäume. Fallen die Oliven auf Tücher, erfolgt das Einsammeln der Früchte sehr schnell. Beim Auflesen der Oliven vom Boden hingegen benötigen acht Personen etwa sieben bis acht Stunden.

Der Einsatz der Rüttelmaschinen hat auch den Vorteil, daß die so geernteten Oliven noch nicht überreif und daher qualitativ höherwertig sind, als die bei der anderen traditionellen Ernteart gewonnenen Früchte. Diese andere traditionelle Ernteart erfolgt fast ausschließlich dort, wo die großen Bäume eine direkte Handlese kaum oder nur unter den schwierigsten Umständen zulassen. Bevor es die Rüttelmaschinen gab, mußte man auf das Herabfallen der reifen Oliven warten, da eine Handlese zu schwierig war. Das erforderte drei und vier Erntevorgänge über einen Zeitraum von fünf Monaten. Dabei waren oft über einhundert Männer, Frauen und Kinder im Einsatz, die deswegen vorübergehend aufs Land zogen und in eigens dafür vorgesehenen Räumen auf der Masseria wohnten. In einigen Gebieten wartet man noch heute darauf, daß die reifen Oliven von allein herunterfallen. So besonders im Süden Apuliens, im Salentino, in der Provinz von Lecce. Hat sich eine ausreichende Menge auf dem Erdboden oder in den ausgelegten Netzen angesammelt, wobei ein bis zwei Wochen verstreichen können, werden die Oliven aufgekehrt bzw. eingesammelt. In kleinen Rüttelmaschinen sortiert man Steine, Blätter und Zweige aus und füllt dann die Oliven in Säcke oder Körbe ab. Natürlich ist die Qualität dieser Oliven, die ja nichts anderes sind als Fallobst, sehr bescheiden. Ebenso das daraus gewonnene Öl. Zum Teil ist es sogar ungenießbar und muß »behandelt« werden. Deshalb kommt man von dieser Ernteart immer mehr ab. Um diese Qualitätsverluste zu vermeiden oder doch zu mindern, greift man neben der Methode mit den unter den Bäumen ausgebreiteten Tüchern und Netzen auch auf die der aufgespannten Netze zurück. Diese Netze sind unter den Bäumen so angebracht, daß sie keine Bodenberührung haben. Dies wirkt sich auf die hineingefallenen Oliven qualitativ zum Vorteil aus, denn sie sind so besser der Luft ausgesetzt, und die Fäulnisgefahr, die in der regenreichen Erntezeit besonders groß ist, wird erheblich verringert. Aber auch mit diesen Methoden ist es sehr

schwer, ein Olivenöl der gleichen Qualität herzustellen, wie es von den Oliven der kleineren Bäume gewonnen werden kann. Deshalb hat man bereits begonnen, die Aufzucht fast nur mit der Coratina- und der Cima di Bitonto-Sorte durchzuführen. Und mancherorts sieht man in den Olivenhainen zwischen den Riesen die zarten Bäumchen dieser Sorte heranwachsen.

Eine ganz andere Aufzuchtart wird seit ein paar Jahren auf der Masseria Guaccero ausprobiert. Unter Mitarbeit des Landwirtschaftsministeriums Apuliens wird hier eine neue Olivenbaumform herangezüchtet, die den Namen *T-Pendagli* trägt. Das bedeutet, daß der Baum die Form eines T hat, wobei von zwei verbleibenden Ästen, die in entgegengesetzter Richtung an einem gespannten Draht entlang wachsen, die Oliven tragenden Zweige herabhängen. Der Vorteil dieser Baumform liegt darin, daß er von kleinerem Wuchs ist, so daß grundsätzlich alle Arbeiten ohne Leitern und somit direkt vom Boden aus verrichtet werden können, was außerordentlich zeit- und kostensparend ist. Da die Bäume nach dem Vorbild von Apfel-, Birnen- und Pfirsichplantagen in Spalierform angelegt sind und der Abstand zwischen den Reihen so bemessen ist, daß genügend Platz für ein Fahrzeug bleibt, können von diesem bequem alle Arbeitsvorgänge wie Beschneiden und Pflücken der Oliven mittels mechanisierter Scheren bzw. Kämme direkt in das flache Fahrzeug ausgeführt werden. Eine Erntemethode dieser Art, bei der die Oliven im Moment der richtigen Reife ohne Bodenberührung, also ganz sauber, in das Fahrzeug fallen und anschließend sofort zum Abtransport in die Ölmühle verladen werden, ist für die Zukunft die mit Abstand beste Garantie für ein qualitativ hochstehendes Olivenöl.

Olivenernte in Netzen, Nähe Fasano, Apulien

Neuzüchtung des Baumtyps T-Pendagli, Masseria Guaccero, Palo del Colle, Bari

Wer sich zur Erntezeit im November und Dezember in Apulien aufhält, sollte nicht versäumen, sich der märchenhaften und geheimnisvollen Stimmung auszusetzen, die von den Tüchern und Netzen unter den Bäumen in den Olivenhainen ausgeht. Einmal gleichen sie ausgelegten Teppichen, deren rot, blau, silbern und golden schimmernden Farben in der Sonne gleißen und glitzern. Dann ähneln sie riesigen, bedrohlich wirkenden Spinnennetzen. Und irgendwo in diesem Zauberwald, in den mächtigen Baumkronen oder in den gewaltigen Stämmen, müssen sie lauern,

Märchenhafte Stimmung
in einem Olivenhain während der Ernte, Monopoli

vielleicht Spinnen, sicherlich unheimlich und schrecklich groß, bereit, sich ihr Opfer aus dem Netz zu holen, einzuwickeln und auszusaugen. Doch die Spinnen erweisen sich als harmlose Olivenbauern, und die Opfer sind Oliven, die allerdings verspeist oder zu Olivenöl verarbeitet werden. Bevor es jedoch soweit ist, muß die Olive erst den Gang zur Mühle antreten.

Neben den Oliven zur Ölgewinnung wird in Apulien auch die Tafelolive angebaut. Doch ihr Anteil ist relativ gering und reicht kaum für den Eigenbedarf. Die Hauptanbaugebiete liegen in der Gegend von Foggia und Cerignola. Namen wie *Oliva Bella di Cerignola* oder *Gigante di Spagna* geben Aufschluß über Aussehen, Größe und Ursprung der Früchte. Die Bäume sind von niedrigem Wuchs und die Oliven daher leicht zu ernten. Man pflückt sie – noch in grünem Zustand – sofort in Eimer, da sie beim Herunterfallen Schaden erleiden könnten. Nach Größe und Aussehen sortiert, werden sie in Salzlauge eingelegt. Roh ist diese Sorte nicht eßbar. Andere Sorten wie die Sant'Agostini und die Passaul (Pasola), die hier und auch in der Gegend von Bari wachsen, werden geerntet, wenn sie sich am Baum fast schwarz gefärbt haben. Erst dann haben sie ihr volles und fruchtiges Aroma erreicht. Mit etwas Olivenöl, Petersilie und Tomaten gebraten, gelten sie als eine der größten Delikatessen der apulischen Küche.

Ernte von Tafeloliven, Masseria Pavoncelli, Cerignola (Foggia), in Apulien

Tafeloliven

Vor der Olive kommt die Blüte – weiß bis gelb, klein und beinahe unscheinbar. Es ist die Menge, die die Blüte aus ihrer Bescheidenheit befreit und zu unendlichem Leuchten bringt. Im April und Mai geht von den blühenden Olivenhainen ein wundersamer Zauber aus. Schon aus der Ferne winken die von dem frühlingshaft lauen Wind angehauchten Zweige der Ölbäume, als wollten sie jemanden auffordern herüberzukommen um etwas wahrzunehmen, was meistens übersehen wird: Ölbäume in vollster Blüte. Gewöhnlich sind die Blätter in ein ruhiges und sanftes Olivengrün getaucht, doch sobald vom Wind bewegt, offenbaren sie ihre silbrig schimmernde Unterseite. Erinnerungen an den wilden Ölbaum werden wach, den Herakles am Zeustempel in Olympia gepflanzt hat und dessen Blätter bereits an ihrer Oberseite wie von Silber überzogen funkelten. Doch dieses Mal ist alles anders: Ein feiner Goldhauch spiegelt sich zart auf den glänzenden Blättern. Er rührt von den winzigen Blüten her, die, in Traubenbündeln millionenfach aus den Zweigen gewachsen, von Sonnenstrahlen berührt in goldenem Glanz erglühen. Klänge erfüllen den Hain. Die Blüten haben die Bienen angelockt, und ihr Summen in den Baumkronen läßt einen glauben, es wären die Ölbäume selbst, die das Lied ihres immer wieder neu erwachenden Lebens singen.

Blühender Olivenhain, Azienda Agricola Conte Spagnoletti, Andria

Die qualitative Einstufung der Olivenöle

Die Nachmittage während der Erntezeit verbringt der Olivenbauer häufig in der Ölmühle. Zum einen muß er dorthin, denn seine am Vormittag geernteten Oliven sollen ja gemahlen werden, zum anderen will er erfahren, was die Oliven ihm einbringen, und schließlich trifft er dort Arbeitskollegen und Freunde. Das Warten im Hof der Ölmühle wird so zu einem typisch südländischen Treffen von Menschen unterschiedlichster Art und Alters, die endlich nach monatelanger harter Arbeit ihrem Lohn mit freudiger Erwartung entgegensehen.

Bei der Anlieferung in der Ölmühle werden die Oliven genau auf ihre Qualität untersucht, eingestuft und entsprechend preislich bewertet. Dies ist dann wichtig, wenn der Olivenzüchter einem Olivenverband oder einer Genossenschaft angehört. Denn diese kaufen ihm die Oliven ab. Bei der Untersuchung wird ein Kilogramm der angelieferten Oliven in einer kleinen Handmühle zermahlen, der Olivenbrei wird erhitzt und anschließend in einem elektronischen Meßgerät auf seinen Ölgehalt überprüft. Ein Bildschirm zeigt die Werte an. Da eine grüne, also eine noch nicht allzu reife Olive weniger Öl beinhaltet als eine schon gelblichrot oder gar schon fast schwarz gefärbte Olive, die bereits geschrumpft oder auch beschädigt wieder an-

Geerntete Oliven der Sorte Ogliarola im richtigen Moment der Reife, Oleificio di Palombaio, Bitonto

dere Werte enthält, erweist sich die Messung als eine durchaus nützliche und sehr objektive Einschätzung der angelieferten Ware.

Der Olivenbauer hat natürlich seine Erfahrungswerte, die ihm optisch den richtigen Zeitpunkt der Ernte signalisieren. Der Augenblick ist demnach dann gekommen, wenn die Olive farblich dem Auge der Sardine (*occhio di sarda*) gleicht – der grüne Olivenbauch sich also mit gelblichen und rötlichen Ringen zu schmücken beginnt.

Im Sommer 1988 war es zu dem sogenannten PER-Skandal gekommen. Man hatte in verschiedenen Olivenölen Spuren von Perchlohrethylen gefunden, einer fettlöslichen Substanz, die ab einer gewissen Menge für den Menschen gesundheitsschädlich und wahrscheinlich auch krebserregend ist. Grund genug, auf den Genuß von Olivenöl zunächst einmal zu verzichten. Was war geschehen? Beim Reinigen der Ölpressen, der Ölmagazine und der Preßmatten, hieß es, sei Perchlorethylen verwendet worden, und die Rückstände sollen während des Preßvorgangs in das Olivenöl gelangt sein. Doch Pressen werden ausschließlich mit heißem Wasser gereinigt. Dazu sind schon vom Hersteller Vorrichtungen in die Pressen eingebaut. Das gleiche gilt für die Magazine. Preßmatten werden nie chemisch gesäubert, sondern nach Gebrauch im Frühjahr grundsätzlich weggeworfen und im nächsten Herbst durch neue ersetzt. In Wirklichkeit hatte sich etwas ganz anderes zugetragen: Oliven, die in Spanien zum Mahlen in die Ölmühlen gebracht worden waren, setzte man bei der Qualitätsprüfung PER zu. Anstatt nun nach erfolgter Untersuchung die mit PER durchtränkte Olivenprobe wegzuwerfen, wurde sie den Oliven wieder beigemengt, denen sie zuvor entnommen worden war. So gelangte das PER schließlich in das Öl und in den Handel. Da spanische Öle häufig mit Ölen aus anderen Ländern gemischt werden, fand man PER auch in französischen und italienischen Ölen.

Wesentlich unkomplizierter geht es zu, wenn der Olivenbauer seine Oliven in einer privaten Ölmühle mahlen läßt. In privaten Ölmühlen möchte jeder Bauer das Öl aus seinen Oliven für sich haben. Deshalb werden die Oliven in den Lagerräumen oder auf dem Hof des *Oleificio* bis zum Mahlvorgang separat gelagert. Auch beim Lagern muß stets an die Qualität der Olive und des Öls gedacht werden. Von Columella wissen wir einiges über die Probleme des nicht sachgerechten Lagerns von Oliven schon vor 2000 Jahren. Aber damals arbeiteten Pressen und Mühlen erheblich langsamer, und die Lagerzeiten konnten sich über Wochen hinziehen. Heute lagern angelieferte Oliven normalerweise bis zu zwei Tagen. Während dieses kurzen Zeitraums kann die Entwicklung eines unerwünschten Nebengeschmacks des Öls, der durch Gärung und Fäulnisbildung entsteht, noch vermieden werden.

Nach jahrtausendealter Tradition erfordert die Herstellung des Olivenöls zwei Arbeitsvorgänge: das Zermahlen der Oliven und das Pressen des Olivenbreis. In vereinzelten Fällen werden die Oliven, bevor sie gemahlen werden, noch einmal durch eine Sortiermaschine geschickt, wo Zweige und Blätter abgesaugt und Steinchen und kleine Erdbrocken herausgeschüttelt werden. Auch wäscht man die Oliven häufig noch einmal, ehe sie »unter die Räder« kommen.

In einer Bitontiner Großmühle waren noch bis 1988 drei Mühlen mit je drei Mühlrädern, einer Knetmaschine und zwölf Pressen mit einem Druck von 400 atü im Einsatz. In Schichten wurden rund um die Uhr mit diesem System etwa 450 Doppelzentner Oliven zu ca. 90 Doppelzentnern Öl verarbeitet. Sobald die Oliven von den Mühlrädern genügend zerquetscht sind, wird der Brei entweder direkt oder über eine Knetmaschine in dosierter Menge auf die Preßmatten gegossen. Diese stapelt man auf einem fahrbaren Preßtisch übereinander. Bei den alten und antiken Modellen lag dieser noch unverrückbar unter der

Geerntete Oliven im Hof der Ölmühle
Oleificio di Palombaio, Bitonto

Presse. Sobald er in die Presse hineingeschoben ist, wird er durch Druck von unten her angehoben, und die aufgesetzten Matten werden zusammengedrückt. Das heraustropfende Öl wird gesammelt, zentrifugiert und gefiltert in die unterirdischen Zisternen geleitet. Wegen der goldgelben Färbung hat das Öl den Beinamen »Flüssiges Gold aus Apulien«.

Eine andere modernere Methode des Bitontiner Großbetriebes arbeitet mit drei Mühlen zu je vier Mahlrädern, ohne Pressen, dafür aber mit einem Zentrifugensystem, dem sogenannten *Ciclo Continuo.* Aus dem Olivenbrei wird hierbei das Öl-Wasser-Gemisch herausgeschleudert, also nicht herausgepreßt,

Sortiermaschine, Ölmühle OCRF, Bitonto

und das Öl vom Wasser geschieden. Rund 750 Doppelzentner Oliven, also fast das Doppelte wie bei den bisherigen Systemen, können bei diesem System täglich zu 150 Doppelzentner Olivenöl verarbeitet werden. Die dabei anfallenden Temperaturen liegen kaum über denen, die beim Pressen entstehen, und bewegen sich zwischen 37 und 40 Grad Celsius. Das entspricht dem, was wir unter Kaltpressung verstehen. Alles geht automatisch vor sich, und der Zeitgewinn ist beträchtlich. Sogar die Sanza, die Trester-Restmasse, wird bei diesem System auf automatisiertem Wege zum Abtransport auf den Hof des Betriebes geleitet. Bei dem Pressensystem muß sie noch aus jeder Preßmatte einzeln herausgeklopft werden.

Der Trester wurde meistens als Heizmaterial verwendet. Heute bringt man ihn in eine spezialisierte Verarbeitungsstätte, in das *Sanzofficio*, wo durch chemische Verfahren das sogenannte *Olio di Sanza*, das Tresteröl, hergestellt wird. Es steht an letzter Stelle der Werteskala für Olivenöle und ist, wenn man will, das schwarze Schaf dieser Familie. Ein anderer Industriezweig verwendet den Trester als Isoliermaterial oder für Fußboden- und Wandbeläge. Dabei unterscheidet man zwischen grob- und feinkörnigen sowie hellen und dunklen Brauntönen. Eine optisch sehr ansprechende Bereicherung der Innenraumgestaltung.

Nicht alle Ölmühlenbetriebe haben eine Flaschenabfüllanlage. In vielen Fällen wird das Öl vom Großhändler in Tankzügen abgeholt. Dann ist die Abfüllung des Olivenöls in Flaschen oder Kanistern im eigenen Haus unrentabel. Es gibt daher eigens auf das Abfüllen von Ölen spezialisierte Firmen. So auch in der *città dell'olivo*, in Bitonto. In dem vollautomatisierten Betrieb, der mit modernsten Maschinen ausgerüstet ist, werden zudem in einem eigenen Labor Analysen von den angelieferten Ölen vorgenommen. Die am häufigsten anfallende Untersuchung betrifft die Bestimmung des Gehalts an Obst- bzw. Ölsäure, denn der entscheidet über die Klassifikation des Öls.

Mahlsystem mit vier Mahlsteinen,
Ölmühle OCRF, Bitonto

Füllmaschine für Preßmatten,
Ölmühle OCRF, Bitonto

Wie oben dargelegt, hängt der Säuregrad hauptsächlich von der Art des Heranwachsens der Olive und der Erntemethode ab. Ziel ist es, den Säuregrad niedrig zu halten, da sich dieser negativ auf den Ölgeschmack auswirkt. Auch kann das Öl dann zu einem höheren Preis verkauft werden.

In Deutschland legen einige Kaufhäuser Wert auf diese Laboranalysen. Diese lassen sie entweder vom Produzenten in einem Labor des Erzeugerlandes oder selbst in einem Labor in Deutschland anfertigen. Es gibt dazu genaue Prüfungsmethoden und Werteskalen, die von der Europäischen Wirtschaftsgemeinschaft durch Verordnung erlassen worden sind. Was die chemischen Untersuchungen betrifft, so steht die fachliche Kompetenz deutscher Chemiker außer Zweifel. Aber hinsichtlich der organoleptischen, also der geschmacklichen Untersuchung macht sich trotz minutiöser Anweisungen durch die betreffende Verordnung der EWG die große Unerfahrenheit der deutschen Prüfer in unbefriedigender Weise bemerkbar. Natürlich ist die Kunst des Abschmeckens für den, der dazu begabt ist, erlernbar, aber wer unter Ölbäumen aufgewachsen ist, bringt unbestritten eine nicht mehr einzuholende Geschmackserfahrung mit. Deshalb sollte man die organoleptische Prüfung nur dem tatsächlichen Kenner überlassen. Den findet man bis jetzt noch immer am besten dort, wo Oliven heranreifen.

Flaschenabfüllanlage in Bitonto

Oliven in der Presse, Ölmühle OCRF, Bitonto

Die Aufgabe des Experten ist es, das ihm vorgesetzte Öl auf seinen Geschmack, Säuregehalt, Sorte, Jahrgang und Herkunft allein mit seiner Zunge zu testen. Olivenöl will nicht anders behandelt werden wie Wein. So wie Wein nicht gleich Wein ist, kann auch Olivenöl nicht gleich Olivenöl sein. Es gibt mehr Varianten, Typen und auch Verschnittmöglichkeiten, als man es sich vorstellen kann. Ein Ölabschmecker, den man mit einem Weinabschmecker vergleichen kann, muß daher in der Lage sein, und er ist es erstaunlicherweise auch, aus wenigen Tropfen Öl alle diese Merkmale herauszulesen. So spielt er auch beim Handel, das heißt bei Kaufabschlüssen, eine Rolle. Nicht selten in der Rolle eines Handelsvertreters oder Agenten, vermittelt er Geschäfte, für die er gewisse Garantien zu liefern hat. Deshalb wird bei Abschluß eines Kaufvertrages über eine bestimmte Menge Olivenöl die Ölsorte und der Preis genau festgelegt. Zu diesem Zweck füllt er drei kleine Fläschchen mit dem betreffenden Öl, versiegelt und etikettiert sie. Ein Fläschchen verbleibt beim Ölverkäufer beziehungsweise dem Hersteller, ein anderes behält er selbst, und das dritte erhält der Käufer. Der Vorgang erinnert an die Szene auf der Amphora im Britischen Museum in London, wo so ein Probe- und Garantiefläschchen gerade mit Olivenöl gefüllt wird. Es war wohl auch vor 2500 Jahren schon so, daß das bestellte Öl mit dem gelieferten Öl nicht immer übereinstimmte. Deshalb diese Vorbeugungsmaßnahmen.

Nach der Verordnung der Europäischen Wirtschaftsgemeinschaft vom 11. Juli 1991 werden die Olivenöle in 9 Kategorien aufgeteilt:

1. Natives Olivenöl extra
2. Natives Olivenöl
3. Gewöhnliches natives Olivenöl
4. Lampantöl
5. Raffiniertes Olivenöl
6. Olivenöl
7. Rohes Oliventresteröl
8. Raffiniertes Oliventresteröl
9. Oliventresteröl

Ergänzend dazu ist zu bemerken, daß es sich bei den nativen Olivenölen um Öle handelt, die aus der Frucht des Olivenbaums allein durch mechanische oder sonstige physikalische Verfahren unter Bedingungen, insbesondere Temperaturbedingungen, gewonnen werden, die nicht zu einer Verschlechterung des Öls führen. Das Öl und sein Grundstoff, die Olive, dürfen keine andere Behandlung erfahren haben als Waschung, Dekantierung, Zentrifugierung und Filtrierung. Nicht dazu zählen Öle, die durch Lösungsmittel oder Wiederveresterungsverfahren gewonnen werden. Das gilt auch für Mischungen mit Ölen anderer Art. Die nativen Olivenöle (1-4) werden in folgende Güteklassen und Bezeichnungen eingeordnet:

1. **Natives Olivenöl extra:** natives Olivenöl von einwandfreiem Geschmack, dessen Gehalt an freien Fettsäuren, berechnet als Ölsäure, höchstens 1 g je 100 g beträgt.
2. **Natives Olivenöl** (die Bezeichnung »fein« ist auf der Erzeugungs- und Großhandelsstufe zulässig): natives Olivenöl von einwandfreiem Geschmack, dessen Gehalt an freien Fettsäuren, berechnet als Ölsäure, höchstens 2 g je 100 g beträgt.
3. **Gewöhnliches natives Olivenöl:** natives Olivenöl von gutem Geschmack, dessen Gehalt an freien Fettsäuren, berechnet als Ölsäure, höchstens 3,3 g je 100 g beträgt.
4. **Lampantöl:** natives Olivenöl von unangenehmem Geschmack oder natives Olivenöl, dessen Gehalt an freien Fettsäuren, berechnet als Ölsäure, mehr als 3,3 g je 100 g beträgt.
5. **Raffiniertes Olivenöl:** durch Raffinieren von nativen Olivenölen gewonnenes Öl, dessen Gehalt an freien Fettsäuren, berechnet als Ölsäure, höchstens 0,5 g je 100 g beträgt.
6. **Olivenöl:** Verschnitt von raffiniertem Olivenöl und nativen Olivenölen, ausgenommen Lampantöl, dessen Gehalt an freien Fettsäuren, berechnet als Ölsäure, höchstens 1,5 g je 100 g beträgt.
7. **Rohes Oliventresteröl:** durch Behandlung von Oliventrester mit Lösungsmitteln gewonnenes Öl, das durch Wiederveresterung hergestellt wird, sowie jede Mischung mit Ölen anderer Art. Der Gehalt an freien Fettsäuren, berechnet als Ölsäure, darf höchstens 2,0 g je 100 g betragen.
8. **Raffiniertes Oliventresteröl:** durch Raffinieren von rohem Oliventresteröl gewonnenes Öl, dessen Gehalt an freien Fettsäuren, berechnet als Ölsäure, höchstens 0,5 g je 100 g beträgt.
9. **Oliventresteröl:** Verschnitt von raffiniertem Oliventresteröl und nativen Olivenölen, ausgenommen Lampantöl. Sein Gehalt an freien Fettsäuren, berechnet als Ölsäure, beträgt höchstens 1,5 g je 100 g.

Die sogenannten Nativen Olivenöle der Kategorie 1-3, die in Italien bisher unter dem Namen *Olio vergine* oder *Olio d'oliva extra vergine* liefen, werden also nur durch mechanische Verfahrensweisen gewonnen. Diese Öle sind grundsätzlich als gute Öle einzustufen. Darüber hinaus kommt es aber auch wesentlich darauf an, wo die Olivenbäume angebaut sind und welcher Sorte sie angehören. Nur wenn sich entsprechende Hinweise darüber auf dem Etikett der Flasche finden, dann kann der echte Olivenölfreund und Kenner auch die von ihm bevorzugte Ölsorte auswählen.

Da der Erzeuger ebenfalls daran interessiert ist, die Qualität seines Öls durch Nennung der Lage und der Olivensorte hervorzuheben, besteht die Absicht – wie beim Wein – die Herkunftsbezeichnung, das sogenannte D.O.C. *(Denominazione di origine controllata)* einzuführen. Dies stößt aber auf den Widerstand einiger Händler, die die Herkunft ihrer Ölmixturen verschleiern wollen. Doch ein Anfang 1994 von dem für das D.O.C. von Olivenölen zuständigen italienischen Nationalkomitee in Brüssel eingereichter Antrag auf Anerkennung von 25 Anbauzonen bewirkte bereits bis Ende 1994 eine Eintragung von 13 Gebieten, die somit das D.O.C.-Zeichen führen dürfen.

Da inzwischen auf dem deutschen Markt große Mengen an Olivenölen angeboten werden, stellt sich immer mehr die Situation ein, die man vom Weineinkauf her gut kennt: Ein Interessent steht im Lebensmittelladen vor einem Regal, sieht sich mit Batterien von Ölflaschen konfrontiert und fühlt sich überfordert. Der zu Hilfe herbeigerufene Verkäufer erklärt dann gewöhnlich mit bedeutungsvoller Stimme, auf eine bestimmte Flasche zeigend, daß dieses Öl kaltgepreßt sei und aus der ersten Pressung stamme. Da der Käufer die Worte »kaltgepreßt« und »erste Pressung« schon gekannt zu haben scheint, fühlt er sich verstanden und bestätigt und glaubt sich daher schon am Ziel seiner Wünsche. Verwirrung tritt jedoch ein, wenn der Kunde jetzt bereits mit Kennermiene die Worte »kaltgepreßt« und »erste Pressung« auch auf den anderen Etiketten der benachbarten Ölflaschen vorfindet. Was für ihn ein Gütezeichen gewesen zu sein schien, entpuppt sich nun für die Auswahl als eine wertlose Bezeichnung. Ergänzend fügt der Verkäufer, der die Hilflosigkeit seines Kunden erkannt hat und jetzt auch ganz Herr der Lage ist, in wirklich überzeugender und jeden Zweifel beseitigender Weise hinzu, daß das Öl in dieser Flasche aus Frankreich komme, grün sei und soviel koste, das Öl in jener Flasche aus Italien sei, eine trübgelbe Farbe habe und dieses koste und das Öl in der anderen Flasche aus – er muß auf dem Etikett nachschauen – Santa Maria del Monte sei (keiner weiß, wo das liegt), hell und klar scheine und eben jenen Preis habe. So viel »Wissen« macht Mut, und der Verkäufer, nun nicht mehr zu bremsen, fängt auch noch an, sich über den Geschmack der Olivenöle auszulassen. Er spricht von intensivem Ölgeschmack, der einmal bitter und einmal süß sei, dann wieder von kräftigem Aroma, und schließlich fällt sogar die Bezeichnung »im Geschmack neutral« und Öle mit diesem Merkmal würden gerne genommen. Schon völlig aus der Fassung gebracht und nur um aus diesem Abenteuer heil herauszukommen, entscheidet sich der Kunde ebenfalls für ein Öl der letzteren Art, also für ein geschmacksarmes und neutrales Olivenöl aus Italien – nähere Bezeichnung fehlt – zu einem beruhigend niedrigen Preis, gemessen an dem, der bei den anderen Olivenölflaschen im Laden zu Buche schlägt.

Ob er damit glücklich wird, ist die eine Sache. Eine andere Sache ist die weitverbreitete Unwissenheit, die in den Lebensmittelgeschäften über Olivenöle herrscht. Das bezieht sich auf die Herkunft, auf Sorten, auf Erntemethoden und auf die Mahlvorgänge. Da der Olivenölkunde seinerseits auch nicht viel mehr Sachkenntnisse hat, bleibt die Situation ungelöst und unbefriedigend. Vielleicht kann hier ein ähnliches Vorgehen wie beim Weineinkauf empfohlen

Die Olivenöl-Bar des Autors. Beispiele für die kulinarische Verwendung eines Teils dieser Öle sind im Rezeptteil ab S. 214 zu finden. Hersteller der Öle sind *Principessa Marina Colonna* (Olivenöl-Bukett der Sorten Leccino, Coratina, Ascolana, Peranzana; Olivenöle mit gemahlenen Zitronen, Mandarinen und Orangen), *Don Franco Cuonzo* (Tröpfchenöl der Sorte Ogliarola; Olivenöle der Sorten Ogliarola und Coratina) und *Conte Onofrio Spagnoletti-Zeuli* (Olivenöl der Sorte Coratina).

werden. Keiner würde auf den Gedanken kommen, eine Flasche Wein zu erstehen, auf deren Etikett nicht der Name, die Rebsorte, der Herkunftsort – also nicht nur das Land –, der Hersteller und der Jahrgang deutlich zu erkennen sind. Zwar sind diese Bezeichnungen für den Handel mit Olivenölen nicht vorgeschrieben, aber eine zunehmende Anzahl von Herstellern ist inzwischen dazu übergegangen, ihre Etikette den Weinetiketten anzupassen. Würden sie vorgeschrieben, müßten über 70 Prozent der Olivenölhersteller und Vertreiber gewaltig umdenken bevor sie ihre Öle erneut in den Handel brächten. Hinweise wie »kaltgepreßt« und »erste Pressung« sind einfach zu wenig und außerdem längst selbstverständlich für die Ölgewinnung. Schon deshalb, weil grundsätzlich alle Öle, die in Deutschland im Handel sind, so gewonnen werden. Trotz dieser Selbstverständlichkeit bleibt der Verkäufer die Antwort schuldig, wenn er gebeten wird, den Ausdruck »kaltgepreßt« zu erklären. Weder weiß er, bei welcher Temperatur der Preßvorgang stattfindet, noch kann er sich unter »warmgepreßt« etwas vorstellen. Nach einem Öl aus einer »zweiten Pressung« gefragt, wird er zugeben, daß er solches nicht hat, auch noch nie besaß und sich auch nicht vorstellen kann, wer dieses verkaufen könnte. Auf dem Ölmarkt sind deshalb die Initiativen der Erzeuger, hier Klarheit zu schaffen, zu begrüßen. Auch der Käufer wird es danken, denn jetzt hat er das Gefühl, daß der Hersteller über das Etikett den Kontakt mit ihm sucht, ihm nichts verheimlichen möchte und schließlich Wissenswertes zu seinem Öl mitteilen will.

Was der Kunde jetzt noch nicht weiß, ist die Antwort auf die Frage, wie das von ihm gewählte Öl schmeckt. Auch hier ist wie beim Weineinkauf zu verfahren. Der Kenner wird das von ihm bevorzugte Öl wiedererkennen oder ein ähnliches auf Grund eines mitteilsameren Etiketts leicht herausfinden, ebenso ein Öl, das er noch nicht kennt. Dem Neuling bleibt keine andere Wahl, als durch eigenes Probieren in dem großen

»Olivenhain« den richtigen »Ölbaum« zu entdecken. Das kann er gewöhnlich nur zu Hause. Deshalb sollte er eine kleine Flasche zu $^1/_4$ oder $^1/_2$ Liter kaufen. An diesem Lehrgeld kommt er nicht vorbei. Ein Stück Weißbrot, ein Brötchen, geröstet, mit Olivenöl beträufelt, etwas Salz und Pfeffer, mutig zugebissen und bewußt den Duft und den Geschmack aufgenommen.

Das sollte zwei- bis dreimal wiederholt werden, bevor man sich für ein bestimmtes Öl, zum Beispiel für einen Salat, entschließt. Bedenken sollte man auch, daß schließlich auch noch andere Geschmacksstoffe hinzukommen. Die gemachten Erfahrungen gilt es dann dort genüßlich zu suchen und wiederzuentdecken.

Preisvergleiche sind nur an demselben Produkt in verschiedenen Einkaufsstellen möglich. Es gibt zu viele Faktoren, die für die Preisgestaltung verantwortlich sind. Allein der unterschiedliche Arbeitslohn der Olivenpflücker in den olivenanbauenden Ländern spielt eine Rolle, dann die Art der Ernte und auch, ob Familienbetrieb, Genossenschaft oder Großunternehmen. Es kann deshalb nur für die untersten Preisklassen ein Hinweis zum Nachdenken gegeben werden: Sogenannte »Italienische Olivenöle« zum Beispiel, bei denen der $^3/_4$ Liter der Qualitätsstufe »Natives Olivenöl extra« im Laden zwischen DM 5,– und DM 6,– (1996) kostet, lassen sich für einen Einkaufspreis von DM 3,– bis DM 4,– in keiner italienischen Ölmühle herstellen.

Noch bedenklicher wird es, wenn – so geschehen 1994 – Test-Unternehmen ein solches Öl als »Sehr gut« einstufen, dann aber bei einer genaueren Laboruntersuchung dieses Öl wegen Verdacht auf eine thermische Behandlung in die Nähe eines »Raffinierten Öls« gerückt werden muß (s. o. S. 208).

Die von der Europäischen Gemeinschaft vorgeschriebenen Untersuchungsmethoden reichen nicht immer aus, um zu beweisen, daß ein »Natives Olivenöl Extra« gestreckt oder gepanscht ist. Doch in Kürze werden in Brüssel modernere und genauere Analysen vorgeschrieben. Mit ihnen lassen sich Fälschungen unschwer aufdecken. Daß im großen Umfang gefälscht wird, belegen auch die vom *Consiglio Oleicolo Internazionale* in Madrid vorgelegten Zahlen über Produktions- und Konsummengen (Zeitraum: 1983–1994). Danach gab es zum Beispiel 1994 weltweit eine Olivenölproduktion von 1736200 Tonnen und einen Verbrauch von 1891200 Tonnen. D. h., es wurden 155000 Tonnen »Olivenöl« mehr verbraucht als hergestellt! So auch in fast allen vorausgegangenen Jahren.

Auch sollte man wissen, daß die von der Europäischen Wirtschaftsgemeinschaft vorgeschriebenen Qualitätsnormen bei den Billigölen gerade noch erreicht werden. Darüber hinaus sind die Öle ohne Herstellerbezeichnung – also ohne namentliche Nennung der Ölmühle – sehr schwer auf ihre Herkunft zu kontrollieren. Wer weiß schon, ob nicht ein Olivenbauer irgendwo im Mittelmeerraum noch im letzten Moment vor der Ernte unerlaubterweise mit öllöslichen Insektiziden gesprüht hat, wissend, daß sein Öl in einem anderen Land zum Beispiel als »italienisches Olivenöl« auf den Markt kommt und er so nie Gefahr läuft, deswegen belangt zu werden.

In der malerischen Masseria Cuonzo aus dem 18./19. Jahrhundert in Palombaio bei Bitonto verbirgt sich eine der vielen privaten Ölmühlen Apuliens, die für dieses Land so typisch sind. Mit drei Mahlrädern und fünf Pressen wird hier aus den Oliven ein Öl von goldgelber Färbung – das bewußte »Flüssige Gold Apuliens« – gewonnen. Traditionsbewußt hat der Besitzer Don Franco Cuonzo nicht alles automatisiert, sondern einen Teil der alten Einrichtung wie eine Holzpresse oder den offenen Kamin, in dem während der Ölherstellung immer ein Feuer brennt, an ihrem Platz belassen. Zur Überprüfung des Öls wird das Öl vom Wasser mit einer alten Schöpfkelle abgeschöpft. Auch das Abfüllen des aus der Zentrifuge kommenden Öls geschieht per Hand und wird vom Besitzer höchstpersönlich vorgenommen. Das hier erzeugte Öl wird zum Teil aus der Sorte Coratina gewonnen, das frisch gepreßt sehr herzhaft und ein wenig scharf schmeckt. Nach einer Lagerzeit von drei bis vier Monaten hat sich diese Schärfe abgebaut. Die Hauptmenge des Öls wird jedoch aus der Sorte Ogliarola/Cima di Bitonto erzeugt. Es schmeckt angenehm fruchtig-würzig und hat einen leicht mandelartigen Abgang. In der Mühle werden überwiegend die Oliven der eigenen Baumbestände verarbeitet. Nur bei Bedarf kauft man Oliven von den Nachbarn, die aber grundsätzlich die Oliven für ihren Eigenbedarf bei Don Franco Cuonzo mahlen lassen.

Das Öl wird in zwei Varianten angeboten: gefiltert und ungefiltert. Das aus der Zentrifuge kommende Öl enthält in kleinste Teile gemahlenes und gepreßtes Fruchtfleisch. Der Kenner bevorzugt das würzigere, ungefilterte Öl. Da sich das Fruchtfleisch nach einiger Zeit am Boden absetzt, fürchtet jedoch mancher Händler, daß der Normalverbraucher dies mißverstehen könnte. Deshalb bevorzugt er gefiltertes Öl. Das Filtern geschieht rein mechanisch: Das Fruchtfleisch enthaltende Öl wird in eine mit Baumwollwatte ausgelegte Wanne geschüttet, aus der nun klares Öl heraustropft.

Die Masseria, auf der auch Wein und Mandeln erzeugt werden, ist ein Familienbetrieb mit nur wenigen Arbeitern. Deshalb hilft die Familie, wie auch bei anderen Ölmühlen, bei den verschiedensten Arbeiten mit. So auch beim Abfüllen der sogenannten *Goccia di Bitonto* – dem Tröpfchenöl aus Bitonto. Hier handelt es sich um ein Öl, das aus den zermahlenen, aber noch ungepreßten Ogliarola-Oliven gewonnen wird. Der Wasser und Öl enthaltende Brei wird in einen Bottig gekippt, wobei sich das schwerere Wasser- und Breigemisch am Boden absetzt und das leichtere Öl Tropfen für Tropfen nach oben steigt. Diese schöpft man mit einer flache Kelle ab und schüttet sie in ein zweites Gefäß. Um ein völlig wasserfreies Öl zu gewinnen, müssen diese Vorgänge noch sieben Mal wiederholt werden. Das Öl wird dann gesondert abgefüllt. Für den Gourmet stellt es das Köstlichste dar, was die Olive zu bieten hat – und fürwahr, einen herrlicheren Tropfen Olivenöl kann es kaum mehr geben. Es hat eine edle Süße, einen fruchtig-rassigen Körper und einen mandelartigen Abgang. Da die Gegend zum Einzugsbereich des von Kaiser Friedrich II. erbauten Castel del Monte gehört, das – jedenfalls bei den Weinen – durch die D.O.C.-Verleihung geschützt ist, werden die Öle von Don Franco ebenfalls unter dem Symbol des achteckigen Kaiserschlosses in den Handel gebracht.

Masseria Cuonzo, Palombaio bei Bitonto

Abschöpfen der »Tropfen« von gemahlenen, aber ungepreßten Oliven, Masseria Cuonzo

Die Kunst, mit Olivenöl zu kochen

Als der römische Dichter Horaz beschloß, seinen Lebensabend in Apulien zu verbringen, da gehörten bekanntlich zu den Dingen, die ihn dorthin zogen und von denen er schwärmend sprach, auch das Olivenöl und die Oliven, die er den Austern, dem Seebutt und den Wildvögeln vorzog. Ähnliches muß den Conte Onofrio Spagnoletti-Zeuli bewogen haben, als er der Bitte seines Vaters folgend im Jahre 1965 nach Apulien zurückkehrte, nicht um seinen Lebensabend dort zu verbringen, denn dazu ist er noch viel zu jung, sondern um die elterlichen Güter von San Domenico bei Andria zu übernehmen und das väterliche Erbe anzutreten. Denn dieses besteht fast ausschließlich aus Olivenbäumen. Seine Jugend verbrachte er in Lausanne und Rom, wo seine Interessen dem Skifahren und dem Reiten galten. Als Springreiter machte er sich einen Namen, und die Trophäen und Pokale im gräflichen Anwesen San Domenico künden noch heute von Sieg und Ruhm auf dem Parcours.

San Domenico befindet sich auf geschichtsträchtigem Territorium. Nur wenige Kilometer westlich liegt am Hang eines mit Weinfeldern und Olivenhainen angelegten Hügels die Stadt Canosa — das antike Canusium. Berühmt nicht nur wegen seiner Daunischen Kammergräber und antiken Vasen, sondern auch wegen seiner Kathedrale mit Kanzel, Bischofsthron und Bronzetüren aus dem 11. Jahrhundert sowie dem Mausoleum von Bohemund, Fürst von Antiochia und einer der Anführer des Ersten Kreuzzuges (1096-99), der hier im Jahre 1111 starb. Im Norden auf einer aus der Ebene herausragenden und mit Ölbäumen bepflanzten Erhebung befinden sich die Ruinen der Stadt Cannae und die Überreste der Akropolis. Die Ortschaft trägt heute den Namen Canne della Battaglia. Denn hier soll sich jene berühmte Schlacht am 2. August 216 vor Christus ereignet haben, die Rom eine ihrer bittersten Niederlagen und Hannibal einen seiner triumphalsten Siege über die Römer brachte.

Rund zehn Autominuten sind es nur zu der sich im Osten von San Domenico ausbreitenden Stadt Andria, die einer Insel in einem silbriggrün schimmernden Meer von Olivenbäumen gleicht. Bereits in römischer Zeit galt sie als bedeutender Etappenort an der Via Traiana. Im Mittelalter wurde sie eine der Lieblingsstädte des Stauferkaisers Friedrich II., der sie wegen seiner Treue zu ihm besonders lobte. Deshalb ließ er dort seine Gemahlinnen Jolanda von Brienne und Isabella von England in der Krypta des Domes bestatten. Auch wurde in der von ihm reich mit Privilegien ausgestatteten Stadt sein Sohn Konrad geboren. Heute besteht die Bedeutung Andrias darin, daß dort der größte Teil des apulischen Olivenöls produziert wird.

Eine andere Lieblingsstätte Kaiser Friedrichs II. kann der von San Domenico nach Süden Schauende wahrnehmen. Denn dort in der Ferne auf der höchsten Erhebung der apulischen Hügelkette Murge ragt stolz

Azienda Agricola San Domenico,
Conte Spagnoletti-Zeuli, Andria

wie eine Krone das die Landschaft ringsumher beherrschende, mächtige Oktogon des Stauferschlosses Castel del Monte empor. Das Achteck, sonst nur Sakralbauten vorbehalten, erlebte hier kraft des kaiserlichen Baubeschlusses um die Mitte des 13. Jahrhunderts seine Welturaufführung als Profanbau. Eine Imponiergeste von Friedrich II. gegenüber dem Papst, die besagen sollte, daß er in seiner Eigenschaft als Kaiser sowie als König von Jerusalem der Stellvertreter Gottes auf Erden war.

Bis heute hat dieses Bergschloß das Geheimnis seines Daseins und seiner Bestimmung nicht preisgegeben, und wir dürfen weiter – ungestört von nüchterner Erkenntnis – rätseln und uns von dem Zauber seiner mystischen Ausstrahlung gefangennehmen lassen. Traditionell möchte man im Castel del Monte das Jagdschloß Friedrichs II. sehen, der von dort aus mit seinen Falken leidenschaftlich die »Hohe Kunst mit Vögeln zu jagen« verfolgte. Unwillig wird hingegen das aufgenommen, was sich tatsächlich im Schloß ereignet hat: Wer hört es schon gerne, daß aus den jagenden Hohenstaufen selbst Gejagte wurden und die letzten Nachkommen dieses ruhmreichen und stolzen Geschlechts schmachvoll dreißig Jahre bis zu ihrem Tode in dieser Bergfestung gefangensitzen mußten.

Bis Ende des 18. Jahrhunderts befand sich die Krone Apuliens, wie das Schloß bald genannt wurde, im Besitz der Herzöge Carafa von Andria. Diese fielen, wie das bei Adelshäusern je nach politischem Engagement so oft der Fall ist, in Ungnade, und das aus Kampanien stammende Geschlecht der Grafen Spagnoletti bestimmte fortan die Ereignisse und die Geschicke des Kastells sowie der Stadt Andria. Die den Päpsten sehr nahe stehende Familie stellte gleich den ersten Bürgermeister und hatte bald die Rechts- und Magistratsposten der Stadt inne. Einer bekleidete sogar das Amt eines päpstlichen Nuntius, während ein anderer als Abgeordneter dem ersten italienischen Parlament angehörte. Freundschaftliche Bande zu Garibaldi und König Vittorio Emanuele II. unterstreichen zusätzlich die Bedeutung und den Stellenwert dieser Familie. Durch die Heirat von Graf Ferdinando Spagnoletti mit der Baronin Maria-Angela Zeuli im 19. Jahrhundert vergrößerten sich die bis dahin schon beträchtlichen Besitzungen erheblich.

Castel del Monte

Noch Ende des 19. Jahrhunderts betrieben die Grafen eine umfangreiche Zucht von Merinoschafen. Die Durchschnittszahl der Herden belief sich dabei auf rund 12000 Tiere, denen ein Weidegebiet von fast 6000 Hektar zur Verfügung stand. Zahlreiche Spuren – wie der von zwei Kuppeln überspannte Trullo, ein Bauwerk aus grob gearbeiteten Steinen mit kegelförmigem Dachaufbau, in dem die Hirten Unterkunft und die Geräte Platz fanden, und Gebäude für die Verarbeitung der Schafsmilch – künden noch heute von dieser einstigen gräflichen Erwerbstätigkeit im 18. und 19. Jahrhundert. Eine zusätzliche Büffelzucht – in der wasserarmen Murge ein außergewöhnliches Unterfangen – erlaubte es schließlich dem Grafen, ein reichhaltiges und erlesenes Käsesortiment wie Mozzarella, Burrata, Cacciocavallo, Pecorino und Scamorza in großen Mengen herzustellen. Mit einer hochklassigen Pferdezucht, die auch Rennpferde umfaßte, zählten die Spagnoletti-Zeuli auch zu den Hauptlieferanten der Königlichen Reiterei.

Bereits im 19. Jahrhundert hatte die Familie damit begonnen, auf ihren großen Weideflächen systematisch Wein und Oliven anzubauen und die bereits bestehenden Anbauflächen mit dem Know-how der damaligen Zeit zu kultivieren. Allerdings lief die Kampagne des Olivenanbaus im 19. Jahrhundert noch unter der Parole »Alles für die Enkel«: Die Wasserarmut zu Großvaters Zeiten erlaubte kein schnelles Wachstum der gepflanzten, gesteckten, gepfropften oder auf andere Weise veredelten Olivenschößlinge. Bis zum Bau des fast ganz Apulien durchziehenden *Acquedotto Pugliese* gab es nur das in den unterirdischen Zisternen gesammelte Regenwasser. Dieses diente überwiegend Mensch und Tier. So kam es, daß ein frisch gepflanzter Olivenbaum erst nach Jahrzehnten die gewünschte Ertragsmenge abwarf. Heute ist das alles ganz anders. Die Bewässerung der Olivenbäume ist zur Selbstverständlichkeit geworden, und überall – jedenfalls bei den kleineren

Ölbaumsorten – sieht man die von Wipfel zu Wipfel gezogenen Wasserschläuche. Zugegebenermaßen stellen sie keine Zierde dar und ein mit ihnen geschmückter Olivenhain hat einiges von seinem Zauber verloren. Auch sind sie sehr anfällig, insbesondere für die Kugeln der mit Schrotflinten schießenden Sonntagsjäger. Daher das weitverbreitete Jagdverbot.

Als 1990 der im Familienbesitz befindliche Palazzo Ducale in Andria mit seinen 365 Zimmern veräußert wurde, war der Landsitz San Domenico endgültig zur Residenz und zum Verwaltungszentrum des Grafen geworden. Von hier werden seitdem die Ländereien bestellt und verwaltet. Noch vor 20 Jahren glich San Domenico einem jener spätbarocken Gutshöfe, die im 18. Jahrhundert überall in Apulien entstanden und typisch für die dortige Landschaft wurden. Eine Dreiflügelanlage beherbergt Herrschaftsgebäude und Familienkapelle, Wirtschaftstrakt, Gesindehaus sowie Vorratshäuser und Stallungen für Reit- und Zugpferde. Die Stallungen wurden teilweise zu Verwaltungsräumen umgebaut, größtenteils aber in den Wohnbereich des Conte mit einbezogen.

Dem Geschmack der gräflichen Familie ist es zu verdanken, daß sich San Domenico heute dem Besucher in einem Gewande präsentiert, dessen Ausstrahlung sich niemand zu entziehen vermag. An den nördlichen Ausläufern des Hügels gelegen, der von dem Stauferschloß Castel del Monte bekrönt wird, ruhen die weißen Gebäude, die zwischen den Zypressen und Pinien hervorleuchten, einer Oase gleichend inmitten der Weinfelder und Olivenhaine. Schon die pinienumsäumte Auffahrt läßt einiges erwarten. Der Ankommende wird nicht enttäuscht. Herrschaftliche Gebäude, eine Hauskapelle und ein schattenspendender Park laden zum Besuch ein. Der am Tor zum Innenhof wartende Diener in grüner Livree bittet, in einem der offenen Pavillons Platz zu nehmen. Während er forteilt, um den Conte zu verständigen, bleibt Zeit, den Innenhof zu betrachten. Zu Füßen zweier Pavillons spiegelt ein Swimmingpool den auf seiner Rückseite sich erstreckenden Wohntrakt der Contessa wider, während ein Seitentor zu einem von Zypressen umgebenen Rasen führt. In der Mitte des mit Kalksteinplatten gepflasterten Hofes sonnt sich ein Ziehbrunnen im Ruhestand, und ringsum bereiten Gebäude mit Terrassendächern eine Atmosphäre von Schutz und Geborgenheit. Hier sind der Wohnbereich des Conte und die Verwaltungsräume untergebracht. Im Süden leuchtet das Castel del Monte herüber. Die Stimme des Conte bewahrt den Besucher gerade noch rechtzeitig davor, sich völlig von dem Zauber des Ortes gefangennehmen zu lassen. Aber man sieht es ihm an, daß er die Bewunderung seines Gastes genießt. Freundlich fordert er zum Nähertreten auf.

Während des Rundgangs durch die sehr wohnlichen Räume – alle haben ein Tonnengewölbe – und fast in jedem befindet sich ein offener Kamin – sowie die beiden Küchen, deren Einrichtung und Gestaltung schon genügt, die hier zuzubereitenden Speisen zu würzen, gibt es bei einem tiefschwarzen und aromatisch duftenden Espresso genügend Gelegenheit, Näheres aus dem Leben und über die Aktivitäten des Hausherrn zu erfahren. So ist der Conte neben seiner Tätigkeit als Landwirt gleichzeitig Vorsitzender von zwei apulischen Olivenverbänden; verantwortungsvolle Ämter. Hauptaufgabe ist die Kommerzialisierung des Olivenöls. Die Familie ist sehr religiös. Dies brachte dem Conte die Präsidentschaft der Arciconfraternità di Andria ein. Diese 1888 gegründete Erzbruderschaft setzt sich aus den Angehörigen von angesehenen Familien Andrias und Umgebung zusammen. Ziel dieser Verbindung sind caritative Zwecke und die Ehrung der Verstorbenen. Einmal im

Jahr, am Karfreitag, ziehen sie, wie vielerorts in Apulien, zu Tausenden in einer Prozession durch die Innenstadt, bei der die Leidensstationen Christi mitgeführt werden. Angetan mit dunklen Kutten und spitzen Kapuzen, die nur zwei Ausschnitte für die Augen freilassen.

Die heutigen Besitzungen umfassen 400 Hektar, eine stolze Zahl, die sich aber bescheiden gegenüber dem ausnimmt, was noch der Großvater besaß, nämlich rund 6000 Hektar! Die Landenteignungen unter Mussolini sowie die Gebietsreformen in den fünfziger Jahren hatten diese Reduzierung herbeigeführt. Allein 70 Hektar dienen dem Getreideanbau und rund 100 Hektar stellen Weinfelder dar. Getreide und Trauben werden verkauft, für die Familie und Freunde wird in kleinen Mengen Wein hergestellt. Es bleiben noch 230 Hektar. Hier stehen über 40 000 Olivenbäume, überwiegend von der Sorte Coratina Barese, an denen durchschnittlich 10-15 000 Doppelzentner Oliven im Jahr heranwachsen. Der fünfte Teil der geernteten Oliven ergibt gewöhnlich die zu erwartende Ölmenge, also zwischen 2000 und 3000 Doppelzentner oder 200 000 bis 300 000 Liter Olivenöl jährlich. Früher, nach alter Tradition, hielt man pro Hektar nur 30 Olivenbäume. Heute, bei erhöhtem Pflegeaufwand, das Wasser spielt hier eine bedeutende Rolle, sind teilweise schon bis zu 260 Bäume pro Hektar angepflanzt. So besitzt man trotz kleinerer Flächen erheblich mehr Bäume als früher der Großvater. Da die Qualität des Olivenöls fast ausschließlich von der Pflege des Baumes und der Ernteart der Oliven abhängt, legen die Spagnoletti großen Wert auf die Pflege ihrer Olivenhaine und auf die Erntemethoden.

Unter strenger Beachtung dieser Gebote werden die Oliven mittels Schüttelmaschinen, aber auch mit kleinen Handrechen und langen Stöcken geerntet, daß hierbei Planen unterlegt sind, ist selbstverständlich. Das Einsammeln der Früchte in den Tüchern ist das Werk weniger Augenblicke. In Kisten verladen, werden sie sofort in die eigene Ölmühle verbracht. Und noch am selben Tag geschieht mit den Oliven das, was schon seit rund 7000 Jahren Tradition ist: In zwei Arbeitsvorgängen – Mahlen und Pressen – wird aus den Früchten jener Saft gewonnen, den auch der Conte voll Stolz als das »Flüssige Gold Apuliens« bezeichnet – das Olivenöl.

Mahlräder und Granit sorgen im ersten Arbeitsvorgang für die erwünschte niedrige Temperatur des Olivenbreis. In den Pressen, deren Druck in anderen Ölmühlen grundsätzlich auf 400 atü eingestellt ist, wird – so versichert uns der Graf – der Preßvorgang bereits zwischen 180 und 200 atü abgebrochen, um auch wirklich nur das Allerbeste aus der Olive herauszuholen. Denn je höher der Druck, desto größer auch die Geschmackseinbußen. Auch bei diesem zweiten Arbeitsvorgang sind die Temperaturen niedrig – rund 35 Grad, was ja der in Deutschland geläufigen Bezeichnung »Kaltpressung« entspricht. Das so gewonnene Öl-Wasser-Gemisch gelangt dann in die Zentrifuge, wo das Wasser vom Öl geschieden wird. Je nach Wunsch wird das Öl gefiltert oder ungefiltert angeboten. Es handelt sich ausschließlich um ein Öl der ersten Qualitätsstufe: *Olio d'oliva extra vergine* – Natives Olivenöl extra.

Das Öl der Sorte Coratina hat jenen unverkennbaren würzigen Olivengeschmack, der sich vom Süßen zum leicht Bitteren wandelt und mit einem pikanten Abgang endet. Es ist eines der gefragtesten Öle Apuliens. Noch begehrter ist eine andere Köstlichkeit aus dem Hause Spagnoletti-Zeuli, sie trägt den Namen Affiorato. Unter den Nativen Olivenölen extra ist es das Öl, das den Namen extra vergine – jungfräuliches Öl – zu Recht verdient. Nach jahrtausendealter Tradition werden die Oliven von Mühlrädern aus Granit zermahlen, der Olivenbrei aber – wie bei der Herstellung des Goccia di Bitonto – nicht mehr unter die Olivenpresse geschoben. Dieser wird vielmehr in Gefäßen zum Dekantieren gebracht. Dabei trennt sich das schwerere Wasser vom leichteren Öl und sinkt herab. An die Oberfläche steigt das Öl. Das so »schaumgeborene« und »erblühte« Olivenöl – Affiorato – wird mit flachen Kellen abgeschöpft und nach wiederholtem Dekantieren gesammelt. Das Ergebnis ist eine Delikatesse, die das Edelste und Erlesenste darstellt, was die Olivensorte Coratina an Öl bieten kann. Dieselben Übergänge vom süßen zum bitteren und pikanten Aroma, aber jetzt noch feiner. Da die Güter des Grafen zum D.O.C.-Einzugsgebiet vom Castel del Monte gehören, sind auch die Olivenöle des Conte Spagnoletti-Zeuli unter dem Wappen des achteckigen Hohenstaufenschlosses im Handel. Dies auch als Homage an die gräflichen Vorfahren des 19. Jahrhunderts, die damals das Kastell verwalteten.

Heute dient Olivenöl im Vergleich zu den vorausgegangenen Jahrtausenden eigentlich nur noch als Nahrungsmittel. Aber als was für ein Nahrungsmittel! Wer einmal von den wirklich guten und unverschnittenen Ölen, also solchen, die nur aus einer oder zwei Sorten bestehen, gekostet hat, wird nicht mehr auf sie verzichten wollen. Schon beim Öffnen einer Flasche verströmen diese Öle sofort einen starken, aromatischen Duft, der sich beim Erhitzen noch verstärkt. Entsprechend steigert sich die Erwartung, die damit zubereiteten Speisen endlich auf der Zunge zergehen lassen zu können. Man wird nicht enttäuscht. Im Gegensatz zu anderen Pflanzenölen, die meistens ziemlich duft- und geschmacksarm sind, teilen Olivenöle auf angenehm würzende Weise das der jeweiligen

Rindfleischsuppe
mit weißen Bohnen und Nudeln

Küche des Conte
Spagnoletti-Zeuli

Bohnenpüree mit Zichoriegemüse

Bruschetta

fagiolata

Sorte innewohnende arteigene und daher typische Aroma den – mit ihnen versehenen – Speisen mit. Ein Mittagessen, zu dem der Conte geladen hatte, vermag einen kleinen Eindruck von einem typisch ländlichen Mahl in Apulien geben. Daß dabei Olivenöl den Part der Primaballerina spielt, ist wohl selbstverständlich.

Während sich der Koch in der gräflichen Küche ans Werk macht, läßt die Contessa in einem der Pavillons im Hof decken. Als Vorspeise, als Antipasto, zur Überbrückung der Wartezeit, wird eine Platte *Bruschetta* gereicht. Dieses Gericht besteht aus geröstetem Weißbrot, das mit Knoblauch eingerieben, mit Tomatenscheiben belegt sowie mit Olivenöl beträufelt wird. Darüber streut man frischen Oregano. Ein eisgekühlter Aperitivo, ein Prosecco, rundet diesen appetitanregenden Happen ab.

Der erste Teil des *Primo piatto* besteht aus *Purè di fave con cicorette di campagna* – Püree aus dicken Bohnen mit wildem Zichoriegemüse. Angerichtet wird von einem Diener, der dem Gericht kurz vor dem Servieren noch einen Schuß ungefilterten Olivenöls beigibt. Eine kräftige und würzige Speise. Ein halbtrockener, aber schwerer Rotwein der Sorte Primitivo und ein leichter weißer Landwein stehen zur Auswahl. Beide munden sehr angenehm und werden gekühlt gereicht.

Der zweite Teil des *Primo piatto* ist eine Rindfleischsuppe mit kleinen weißen Bohnen, frischen Kräutern und einer Art Spätzle – *Minestra con fagioli secchi e cavatelli*. Natürlich darf der Schuß Olivenöl nicht fehlen.

Auch dieses Gericht ist von vortrefflichem Geschmack. Weißbrot, *Pane di Altamura*, aus nicht zu fein gemahlenem Weizen- und Maismehl gebacken, steht auf dem Tisch. Mit Olivenöl beträufelt eine Delikatesse!

Das Hauptgericht, *il secondo piatto*, sieht *Polpette di manzo al sugo con fagiolini verdi* – Rindfleischklößchen in Sauce mit jungen grünen Bohnen – vor. Ein einfaches Gericht, wie es scheint, aber es lebt wie die Vorspeisen von der Zubereitung mit frischen Kräutern und würzigem Olivenöl der Sorte Coratina. Ein ländliches Essen – zubereitet alla Contessa ed al Conte Spagnoletti!

Es folgt eine *Scelta di Formaggi*, eine Käseplatte mit Pecorino, Burrata und Ricotta. Der Pecorino ist gut ausgereift, und den beiden anderen Sorten merkt man ihre Frische und vormittägliche Herstellung auf dem Lande an. Als Nachtisch wird eine gutgekühlte Ananastorte aufgetragen. Dazu gibt es Kaffee – Espresso.

Die Gespräche drehen sich, abgesehen von den Versuchen, die Geheimnisse der gräflichen Kochkünste zu ergründen, in der Hauptsache um Olivenöl. Es wird die für Olivenölhersteller nicht unbedeutende Frage erörtert, inwieweit in Deutschland Interesse an Olivenöl besteht, ob es uns Deutschen denn schmekken würde, denn wir seien doch eher Anhänger von tierischen Fetten wie Butter oder Schweineschmalz oder, wenn wir schon Öle verwendeten, dann sicher nur geschmacksneutrale Pflanzenöle oder die üblichen billigen Industrie-Olivenöle von zweifelhafter Herkunft. In der Tat ist die Anhängerschar des Olivenöls in Deutschland im Vergleich zu jenen in den Mittelmeerländern noch sehr bescheiden. Auch wenn sie beständig zunimmt, liegt der Verbrauch pro Kopf in Deutschland erst bei 0,3 Liter im Jahr, während in Italien oder Griechenland bereits zwischen

Rindfleischklößchen in Sauce
mit jungen grünen Bohnen

20 und 30 Liter verbraucht werden. Aber ein Öl wie das gerade genossene wird sicherlich in sehr positiver Weise mit dazu beitragen können, weitere Freunde für seine Verwendung zu finden.

Es ist Zeit, Abschied zu nehmen von dem freundlichen Grafen, seiner Frau und dem gastlichen Haus. Durch die piniengesäumte Auffahrt geht es zurück. Hinter den sich schließenden Eisentoren führt rechts ein kleiner Weg zum Castel del Monte – durch Olivenhaine, versteht sich.

Die Rezepte aus dem Hause Spagnoletti-Zeuli

Das Menü ist für 8 Personen berechnet

Bruschetta

8 Scheiben eines würzigen Weißbrotes
(kein Toastbrot)
8 kleine würzige Tomaten
einige Basilikumblätter oder etwas Oregano
2 Knoblauchzehen
Salz, Pfeffer
Olio d'oliva extra vergine (Coratina)

Die Brotscheiben auf beiden Seiten anrösten, am besten auf offenem Holzfeuer. Das Brot mit den Knoblauchzehen einreiben und mit den sehr klein geschnittenen Tomaten und Basilikumblättern oder dem Oregano belegen. Viel Olivenöl der Sorte Coratina wegen des pikanten Untertones darübergießen, sowie mit Salz und Pfeffer nachwürzen.

Purè di fave con cicorette di campagna
(Bohnenpüree mit Zichoriegemüse)

500 g getrocknete Bohnen (sogenannte Saubohnen)
4 Lorbeerblätter
1-2 Knoblauchzehen
1 kg Zichoriegemüse oder Spinat bzw. Mangold
Salz, Pfeffer, Semmelbrösel, Zitronensaft
Olio d'oliva extra vergine (Coratina)

Die Bohnen mit einigen Tropfen Olivenöl zwei Stunden im Wasser kochen. Das Wasser abgießen, die Bohnen zusammen mit den Lorbeerblättern und dem Knoblauch in ein feuerfestes Tongefäß oder einen Eisentopf geben und mit Wasser gerade bedecken. Rund zwei Stunden bei schwacher Hitze kochen und gelegentlich umrühren. Vom Feuer nehmen – auch hier wäre ein Holzfeuer in würzender Weise empfehlenswert –, reichlich Olivenöl der Sorte Coratina wegen des pikanten Geschmacks dazugeben und mit einem Holzlöffel rühren, bis das Püree sämig genug erscheint. Das Zichoriegemüse wird nun gewaschen und anschließend blanchiert. Nach dem Abtropfen läßt man es fünf Minuten in heißem Öl schmoren. Der Topf darf nicht zugedeckt werden, denn die Flüssigkeit soll verdunsten. Gewürzt wird mit Salz, Pfeffer und etwas Zitronensaft. Nun kann das Bohnenpüree mit dem Gemüse serviert werden, jedoch darf ein Schuß Olivenöl nicht fehlen. Eine Variante sieht vor, das Bohnenpüree in kleine feuerfeste Tongefäße umzufüllen, mit Semmelbröseln zu bestreuen und mit Olivenöl zu beträufeln. Die Tonschalen entweder in die Backröhre schieben oder auf dem Holzfeuer nachbacken. Der Rauch wirkt angenehm würzend. Vom Feuer bzw. aus der Röhre nehmen, etwas Gemüse darüber, ebenso Olivenöl, und in den Tontöpfchen servieren.

Minestra con fagioli secchi e cavatelli
(Suppe mit getrockneten weißen Bohnen und Nudeln)

700 g getrocknete weiße Bohnen
400 g Cavatelli oder eine andere Nudelart, kurze Sorte
4 Lorbeerblätter
1 große Zwiebel
6 Knoblauchzehen
$^{1}/_{2}$ kg würzige Tomaten
Salz, Pfeffer
Olio d'oliva extra vergine (Coratina)

Am Vorabend die Bohnen in ca. 1 l Wasser einweichen. Das Wasser abschütten, die aufgeweichten Bohnen mit den Lorbeerblättern, der ganzen Zwiebel, den unzerschnittenen Tomaten und den Knoblauchzehen in einem Topf bei schwacher Hitze zwei Stunden kochen lassen. Auch hier wäre wegen der würzenden Wirkung des Rauches ein feuerfestes Tongefäß über offenem Feuer empfehlenswert. In einem anderen Gefäß die Nudeln mit einigen Tropfen Olivenöl *al dente*, bißfest, kochen. Das Wasser abschütten und die Nudeln zu den Bohnen geben. Reichlich mit Ölivenöl der Sorte Coratina versehen, um ein pikantes Olivenaroma zu erhalten. Mit Pfeffer und Salz nachwürzen und heiß servieren.

Polpette di manzo al sugo con fagiolini verdi
(Rindfleischklößchen in Sauce mit jungen grünen Bohnen)

600 g Gehacktes vom Rind
300 g in Milch eingeweichtes Weißbrot
2 Eigelb
1 kg Salsa (konzentrierter Tomatensaft, fast breiig)
1 große Zwiebel
1-2 Knoblauchzehen
1 Bund glatte Petersilie, Muskatnuß, Salz, Pfeffer
$^{3}/_{4}$ l Olio d'oliva extra vergine (Coratina)
250 g junge, grüne Bohnen

In einer Schüssel das Hackfleisch, die zerkleinerte Petersilie, die zwei Eigelb, die gepreßten Knoblauchzehen und das eingeweichte Weißbrot mit Salz und Pfeffer vermischen. Daraus kleine Klöße formen. In einem Topf die kleingeschnittene Zwiebel in Olivenöl anrösten, dann den Tomatensaft dazugeben, mit Salz würzen und zum Kochen bringen. In einem anderen Topf oder einer Pfanne das Olivenöl erhitzen und die Fleischklößchen darin ohne Krustenbildung wenige Minuten frittieren. Die Klöße dann aus dem Öl herausnehmen, in den Topf mit dem Tomatensaft geben und ca. 30 Minuten kochen lassen. Etwas abkühlen lassen und mit den gegarten jungen, grünen Bohnen servieren. Das verwendete Olivenöl nicht wegschütten! Es kann unbeschadet mehrmals (ca. zehnmal) erhitzt werden.

Nur rund hundert Meter unterhalb des Stauferschlosses liegt die sehr rustikal gestaltete *Taverna di Carlo Sforza* – ein Speiselokal, das auf Grund seiner exponierten Lage schon manch berühmten Gast bewirtete. Der Familienbetrieb – 1910 von Minalinda und Giovanni Sforza gegründet – liegt heute in den Händen von Carlo Sforza – Bibliotheksdirektor und zugleich Denkmalspfleger von Andria, seiner Frau Lucia und seinen Söhnen Giovanni und Michele. Hier ist die unverfälschte apulische Küche zu Hause. Und wie kann es anders sein, zur Zubereitung der Speisen wird ausschließlich Olivenöl verwendet – überwiegend das der Sorte Coratina, das Öl mit dem fruchtig-herben, leicht bitteren und so kräftigen Aroma. Zugegebenermaßen kein Öl zum Trinken, aber zum Würzen der Fleischgerichte in der Pfanne oder in der Röhre für den Gourmet eine unabdingbare Bereicherung.

»Rapsodie«-Öhrchen mit Raps

Eine von vielen apulisch-ländlichen Spezialitäten ist das Nudelgericht *Orecchiette con le rape.* Es galt einst als Prüfstein für die heiratswilligen apulischen Mädchen. Denn erst dann, wenn sie unter den wohlwollenden, aber strengen Blicken aller Verwandten, allen voran die zukünftige Schwiegermutter, das heißgeliebte Nudelgericht mit dem kohlähnlichen Gemüse *rape* mundgerecht auf den Tisch gebracht hatten, wurden sie als »ehewürdig« beurteilt. Falls die Prüfung nicht bestanden worden sein sollte – der Schwierigkeitsgrad wird jedem, der sich an die Gestaltung der »Öhrchen« heranwagt, zunächst unüberwindlich erscheinen –, wurden den »auf Probe« doch noch unter die Haube gebrachten Mädchen strenge Bedingungen auferlegt: In bestimmten Abständen mußte die Verwandtschaft zur erneuten Überprüfung eingeladen werden, so lange bis der Prüfgegenstand, das Nudelgericht, für einwandfrei befunden wurde. War die Prüfung hingegen erfolgreich bestanden, so galt es, die Verwandtschaft gleichermaßen zu laden, damit diese feststellen konnte, ob der frühere Prüfling auch in der Ehe noch in der Lage war, dieses apulische Nationalgericht herzustellen. Da diese Bräuche in Apulien noch mehr oder weniger lebendig sind, wir in Deutschland immer mehr italienische Gewohnheiten – die angenehmsten, versteht sich – zu übernehmen bereit sind, ist es nicht ausgeschlossen, daß die Gepflogenheiten auch hier Fuß fassen könnten. Deshalb sei hier eine der vielen Variationen dieses Rezeptes vorgestellt, damit auch in Deutschland keine Braut an diesem so wichtigen und bedeutenden »Eheprüfstein« scheitert. Dieses Gericht soll den Namen tragen:

Raps – odie (Orecchiette con le rape)

Raps – odie (Orecchiette con le rape)

Nudelteig:

250 g Weizenmehl
250 g Weizengrieß
$^1/_4$ l Weißwein
2-3 EL Wasser
4 EL Olivenöl (Coratina oder Ogliarola)
Salz

Die Zutaten vermischen und kräftig durchkneten, bis der Teig geschmeidig ist und sich ausrollen läßt. Zwischen den Handflächen oder auf einem Brett mit der flachen Hand dann etwas Teig so lange hin- und herrollen, bis eine etwa 1 cm dicke Teigrolle entstanden ist. Mit dem Daumen oder dem Messer dann an einem Rollenende ein circa 10 mm dickes Stückchen Teig nach dem anderen abdrücken und umstülpen. So erhält man ein maximal eilöffelgroßes »Öhrchen« – die *Orecchietta*. Diese Öhrchen kann man nun trocknen lassen oder aber auch sofort verwenden. Wer die Geduld für die ungewohnte Daumenarbeit nicht aufbringt, kann die Orecchiette in jedem italienischen Feinkostgeschäft erstehen.

Gemüse:

1,5-2 kg *rape* (Raps, viel Abfall)
4-8 Knoblauchzehen
5-8 in Salz eingelegte Sardellen
oder etwas Peperoncini
4-5 EL Olivenöl (Coratina)

In Wasser – mit einigen Tropfen Olivenöl versehen – läßt man die Orecchiette bis zu 5 Minuten kochen, gibt dann die von Blättern und Stielen befreite *rape*, also nur die circa 10 cm langen Pflanzenspitzen, hinzu und kocht beides zusammen noch 10 bis 15 Minuten. Um den richtigen Zeitpunkt zu erhalten, zu dem die Orecchiette und die *rape* gar sind, sollte man beides abschmecken. Das Wasser ist abzugießen, kann aber auch für eine sehr schmackhafte Bouillon verwendet werden. Zwischendurch läßt man in einer Pfanne den kleingeschnittenen Knoblauch in Olivenöl goldbraun anrösten. Orecchiette und *rape* werden in der Pfanne mit Knoblauch, Öl und kleingehackten Sardellen oder Peperoncini vermischt und auf einer Platte oder in einer Schüssel aufgetragen – nicht ohne über das Gericht noch einige Tropfen eines sehr würzigen Olivenöls – Coratina, Ogliarola oder Leccino – zu träufeln. Falls die *rape* nicht erhältlich sein sollten, dann erfüllen Broccoli oder Blumenkohl einen ähnlichen Zweck.

Die *rape* sind nichts anderes als der inzwischen in ganz Deutschland angebaute Raps. Ende April und Anfang Mai, wenn die Pflanze kurz vor der Blüte steht, die Blütenknospen also noch geschlossen sind (die Blüten können aber bedenkenlos verwendet werden), dann ist der günstigste Augenblick gekommen. Man sollte nicht zögern, beim Bauern nachzufragen. Es ist allerdings damit zu rechnen, daß nicht jeder Rapsanbauer von der Eßbarkeit und Schmackhaftigkeit seines Rapses weiß. Davon kann man ihn ja überzeugen. Derjenige, dem es dann endlich gelungen sein sollte, den Raps aufzutreiben, und auch die Öhrchen selbst zu machen, der wird sich nach dem Genuß dieses herzhaften Gerichtes, zu dem ein würziges Olivenöl einen großen Teil beiträgt, sicherlich sehr wundern, warum dieses köstliche Rapsgemüse nördlich der Alpen fast völlig unbekannt ist. Die Antwort auf diese Frage muß wohl offenbleiben.

Wenig bekannt ist bei uns auch ein anderes Gericht, das ich jedoch ebenfalls für sehr empfehlenswert halte und das auf sehr schmackhafte Art mit Olivenöl zubereitet werden kann, auch wenn der eine oder andere das »Privileg«, dieses Gericht mit geschmacksneutra-

lem Pflanzenöl zuzubereiten, in Gefahr sieht. Aber vielleicht gehört der Leser zu denjenigen, die eine neue Variante begrüßen. Es geht um Spargel, genauer um Spargelsalat, und um ganz genau zu sein um »Salat von grünem Spargel«.

Schon seit langem wird grüner Spargel in Deutschland eingeführt, und seit kurzem wird er auch in den bekannten deutschen Spargelanbaugebieten gezüchtet. Er ist würziger als die weiße Variante und verträgt sich so ausgezeichnet mit Olivenöl – wobei abgesehen von der Empfehlung, nur sortenreine Öle zu verwenden, hier den milderen Sorten der Vorzug gebührt. So kommen die Olivenöle der Sorte Frantoio in Betracht, ein gut und lang gelagertes Öl der Sorte Coratina, dann besonders auch die Sorte Ogliarola und davon natürlich die ungepreßten Varianten, die Tropfen. Das Zubereiten des Spargels wie Schälen, Kochen und Kaltstellen dürfte bekannt und daher leicht durchzuführen sein. Das Würzen sollte dann jedoch jeder auf seinem Teller vornehmen: einige Tropfen Olivenöl, etwas Zitronensaft aus einer in der Hand ausgepreßten Zitronenhälfte sowie Salz und Pfeffer. Man wird sich mit diesem Spargelgericht schnell anfreunden und es gerne auch seinen Freunden als neue Variante vorstellen.

Salat vom grünen Spargel

Deutsche Küche mit einem Hauch köstlich-gesundem Süden

Hanjo Seißler und das Olivenöl

Es ist keine Übertreibung. Ich könnte in Olivenöl baden. Meiner Familie geht es nicht viel anders als mir. Wir wissen, daß wir mit dieser Neigung nicht alleine stehen. Die Lust auf Olivenöl ist denn auch keineswegs neu, sie ist keine Modeerscheinung. Im Gegenteil, das Öl aus den Augen und aus dem Gaumen verloren zu haben, das war eine Modetorheit. Kenner bekannten sich stets zum Öl: »Frisches reines Olivenöl ist ohne Widerspruch viel feiner als Butter. Dies edle Öl muß ebenso vorsichtig behandelt werden wie edler Wein. Das beste Öl ist das Jungfernöl, der Ausbruch, der ohne Erhitzung mit leichtem Druck aus der Olive abfließt«. Diese Notiz von Julius Rottenhöfer (1811-1864), Mundkoch des bayerischen Königs Maximilian II. Joseph, ist geradezu zurückhaltend, gemessen an den mündlichen Lobeshymnen, die der Küchenhandwerker mit allerhöchsten Ansprüchen von sich gegeben haben soll, wenn es um Olivenöl ging. Ich kann es verstehen. Wir Seißlers hängen am Öl wie es nach weitverbreiteter Meinung in Deutschland nur die Südeuropäer tun. Zwei Liter sind es gut und gerne, die unsere dreiköpfige Lebensgemeinschaft innerhalb einer Woche verzehrt. Es gibt fast nichts beim Kochen, wofür wir nicht auch Olivenöl verwendeten. Überdies stehen in unserer Küche eine Reihe anderer Öle: aus Kürbiskernen, aus Disteln, aus Traubenkernen und was es sonst noch gibt an Ausgefallenheiten. Wir sind zwar keine Gesalbten. Aber geölt sind wir schon.

Spiegeleier mögen es – mit einem kleinen Pips Butter zum Schluß; Bratkartoffeln vertragen es; rohes, dünn geschnittenes Rindfleisch gewinnt durch Olivenöl; Salate aller Macharten sind ohne Öl im Grunde für den menschlichen Verzehr nicht geeignet; eingelegtes Gemüse von Kohl über Karotten und Paprika bis hin zu Pilzen erhalten durch Öl höhere Küchenweihen; frisches Brot mit Knoblauch in Öl getaucht macht müde Männer munter und stimmt aufbrausende Zeitgenossen milde...

Trotz aller Begeisterung für Olivenöl mache ich nicht jeden Unfug mit. Zum Beispiel den, für einen Liter 90 Mark und mehr zu bezahlen. Allenfalls bei Tröpfchenöl – die Italiener nennen es *goccia*, Rottenhöfer sagte Jungfernöl dazu – schlage ich manchmal über die Stränge. Ansonsten wende ich mich an Händler, die ich kenne und die mich kennenlernen würden, wenn sie mich über den Tisch ziehen wollten. Bei denen kaufe ich Öle vom Typ »kräftig-fruchtig« bis zu solchen, die »mild« sind im Geschmack. Gesund sind sie immer. Einerlei, ob sie aus Italien, Spanien, Griechenland, Tunesien, Frankreich oder aus der Türkei stammen. Damit kann verfahren werden, wie es der Jurist und Trotzdem-Feinschmecker, der Gastrosoph, Anthelme Brillat-Savarin (1755-1826) geraten hat: »Vergessen Sie nicht, wenn Ihnen jene kleinen Forellen unter die Hände kommen, die kaum mehr als ein Viertel Pfund wiegen und aus klaren Bergbächen stammen, welche in weiter Ferne von der Hauptstadt rieseln – vergessen Sie nicht, sage ich, sie im feinsten Olivenöl zu backen, das Sie erhalten können. Gehörig gewürzt und mit Zitronenscheiben belegt, ist dieses einfache Gericht eines Kardinals würdig.« Was heißt hier eines Kardinals würdig? Ich esse dies simple Gericht leidenschaftlich gerne. Sowie die Speisen, die auf den folgenden Seiten vorgestellt werden.

Hanjo Seißlers »Olivenöl-Raffinerie«

Narrisch gut mit vielen Kräutern

Ich weiß nicht, wer es war, der den Satz sagte: »Zum Salatmachen braucht es drei. Einen Geizigen im Umgang mit dem Essig. Einen Verschwender im Umgang mit Öl. Und einen Weisen im Umgang mit Pfeffer und Salz«. Ich weiß aber, daß die Frau oder der Mann recht hatte. Es braucht indessen auch einen Narren, um frische Salate vollendet werden zu lassen. Er muß an der Arbeitsplatte werkeln, wenn es um Kräuter geht. Niemand muß wissen, welche Stoffe das einzelne Kraut enthält. Auch welche gesundheitsfördernden Nebenwirkungen davon ausgehen, muß Narren nicht beschäftigen. Sie dürfen sich einfach nur der Genußsucht hingeben. Wie bei meinem Lieblingssalat.

Salat à la Hanjo
Sommersalat mit frischen Kräutern
Für 4-6 Personen

1 Kopfsalat
1 Lollo Rosso
je 1 rote, gelbe und grüne Paprikaschote
1 kleine Fenchelknolle
2 Stangen Bleichsellerie
3 aromatische Tomaten nach Saison
1 Trevisano
1 weißer Radicchio

Kräutermenge nach Geschmack:

Basilikum, Borretsch
Garten- oder Brunnenkresse
Pimpinelle
Zitronenmelisse
Kerbel
Sauerampfer
wenig Portulak
einige Nadeln Tripmadam
1 Stengel Ysop (Blätter abgestreift)
1 Handvoll Borretschblüten

Die Blattsalate zerteilen, verlesen, waschen und trockenschleudern. Von den Paprikaschoten die »Hauben« abtrennen, die Kerne entfernen und in feine Ringe schneiden. Die Fenchelknolle waschen und in dünne Schnitze teilen. Bleichsellerie waschen und in feine Streifen schneiden. Die Kräuter verlesen, waschen und trockentupfen. Fein wiegen.

Vinaigrette:

2 EL Weinessig
6 EL Tröpfchenolivenöl der Sorte Ogliarola/
Cima di Bitonto
2 Sardellenfilets (statt Salz!) mit der Gabel zerdrückt
Pfeffer aus der Mühle
1 Knoblauchzehe

Aus Essig, Olivenöl, frisch gemahlenem Pfeffer eine Marinade rühren und die feingehackte Knoblauchzehe und die zerdrückten Sardellenfilets untermischen. Die Marinade in einer Schüssel etwas durchziehen lassen. Blattsalate, Gemüse und Kräuter locker in den ausgehöhlten weißen Radicchio einschichten und erst am Tisch wenden. Als Krönung die Borretschsterne darüberstreuen.

Salat à la Hanjo oder nach Narrenart

Jacobsmuscheln mit Harissa
Für 4 Personen

Jacobsmuscheln im eigenen Saft
(Pro Person 2 Stück)
1 Stange junger Lauch
1 Gelbe Rübe
1 EL Olivenöl (Olivenöl-Bukett aus den Sorten Leccino, Coratina, Ascolana und Peranzana)
1 TL Harissa
etwas Wein zum Ablöschen

Den Lauch und die Gelbe Rübe waschen und in feinste Streifen schneiden.
Die Jacobsmuscheln in Olivenöl rasch kurz andünsten. Die streichholzartigen Gemüse dazugeben. Mit etwas Weißwein ablöschen. Zum Schluß das Harissa gründlich einarbeiten und sofort servieren. Die Gemüsestreifen müssen noch knackig und von schöner Farbe sein.
Die Jacobsmuscheln mit den Gemüsestreifen auf vorgewärmten Tellern servieren. Dazu schmeckt Baguette. Noch besser: Vollkorn-Baguette.

Harissa ist eine nordafrikanische Würzpaste von großer Schärfe. Sie enthält scharfen Piment, Gemüse, Knoblauch, Salz, Koriander, Kümmel, Pflanzenöl, Maisstärke und Zitrone. Harissa gibt Gerichten eine angenehme, nicht vordergründige Schärfe. Vorsicht bei der Dosierung. Oft genügt schon eine Messerspitze davon. Leider ist Harissa in Deutschland kaum bekannt. Die Würzpaste in der Tube ist in Fachgeschäften erhältlich.

Jakobsmuscheln mit Streifen von Lauch und
Gelben Rüben, gewürzt mit Harissa

Spaghetti alla Puttanesca
Nudeln nach Hurenart
Für 4 Personen

400 g Spaghetti (Hartweizen!)

Die Spaghetti »al dente« kochen – sie müssen Biß haben. Ohne Probieren geht es nicht.

Salsa (Sauce):

3 EL Olivenöl (Bukett aus den Sorten Leccino, Coratina, Ascolana und Peranzana)
4 Sardellenfilets
3 Knoblauchzehen (in feine Scheiben geschnitten)
50 g Kapern
100 g schwarze Oliven (entkernt)
1 kleine Dose Tomaten (geschält) oder
500 g frische Tomaten (ohne Haut) entkernt,
Salz
frisch gemahlener Pfeffer
1 Prise Zucker

Alle Zutaten in heißem Öl anschmoren. Zu den Spaghettis geben und durchziehen.
Sofort servieren!

Im Süden Italiens – woher dieses Pastagericht stammt – wird kein Parmesan dazu gereicht.

Spaghetti alla Puttanesca
oder wie verführt man einen Liebhaber

Pesto für alle Fälle

Den Genuesern abgeschaut

Auch die Küche Italiens hat eine Einheitssauce: das Pesto. Es kann zu fast allen Gerichten gegessen werden, von Nudeln über Fleisch bis zu gebratenem Fisch (frischem, gegrillten Thunfisch zum Beispiel). Himmlisch!

»Mein« Rezept stammt aus Genua, es heißt deshalb »pesto alla genovese«. Ich habe es dem Familiengeschmack angepaßt. Alle Mengenangaben sind variabel. Die Grundelemente müssen – wie bei jedem vorgegebenen Rezept – stimmen.

Unabdingbar sind: bestes kaltgepreßtes Olivenöl, Knoblauch, Basilikum und Parmesankäse (im Stück). Wir produzieren auf Vorrat, weil sich so die mühevolle Arbeit verteilt und die Menge – im verschließbaren Ein-Liter-Weckglas im Kühlschrank aufgehoben – wenn wir Glück haben, für drei Wochen reicht.

Pesto alla genovese

Portion auf Vorrat

500 g Parmesan (Reggiano)
250 g frischer Schafskäse
250 g pfeffriger Peccorino
100 g Pinienkerne
3– 4 große Bund Basilikum
(davon kann's nicht genug geben)
1 knappen 1/2 Liter Olivenöl der Sorte Coratina
5 bis 6 Knoblauchzehen
einige Blätter glatte Petersilie
etwas Blattspinat
Saft einer frischen Zitrone
frisch gemahlener Pfeffer

Parmesan und Peccorino in eine Schüssel reiben. Den frischen Schafskäse mit der Gabel zerdrücken und dazugeben. Mit dem Rührmixer unter ständiger Zugabe von Öl verquirlen. Die zugefügte Menge Öl bestimmt die Konsistenz des Pesto. Basilikum, Petersilie und Spinat sorgfältig waschen, trockentupfen und feinwiegen. Das Grüngemisch gemeinsam mit den Pinienkernen und dem kleingehackten Knoblauch mit der Gabel unter die Öl-Käse-Masse ziehen. Je nach Bedarf Zitronensaft und Olivenöl hinzufügen und mit dem frisch gemahlenen Pfeffer abschmecken.

Dem Pesto nie Salz zusetzen! Der Käse enthält genug davon.

Frischer Thunfisch mit Pesto – gegrillt

Für 4 Personen

4 kleine Portionsstücke frischer Thunfisch

Thunfisch trockentupfen, mit Olivenöl der Sorte Coratina bepinseln und auf den vorgeheizten Grill legen. Von jeder Seite 3 – 4 Minuten grillen – je nach Dicke der Thunfischsteaks. Vorsicht: Längere Garzeiten trocknen den Fisch aus. Kurz vor dem Servieren dünn mit Pesto bestreichen und fertig grillen. Sofort servieren!

Nicht salzen! Das Pesto gibt genügend Würze.

Falls Thunfisch nicht erhältlich ist:
Auch frischer Lachs gefällt im Pesto-Gewande!

Frischer Thunfisch mit Pesto, gegrillt,
alles noch vorzubereiten

Rehfilet mit Kräuterkruste
Für 4 Personen

Verschiedene Kräuter nach Saison und Geschmack – am besten ein Kräuterbündel vom Markt mit:
Rosmarin
Majoran
Estragon
Thymian
Petersilie
Zum Vermischen der feingehackten Kräuter 1 – 2 EL Olivenöl der Sorte Ogliarola/Cima di Bitonto

1 Rehfilet (außerhalb der Jagdsaison eignet sich auch ein Rinderfilet)
dafür etwas Olivenöl (Bukett aus den Sorten Leccino, Coratina, Ascolana und Peranzana) und
ein Stück Butter zum Braten

Das Rehfilet in der Pfanne in halb Olivenöl, halb Butter von allen Seiten kurz anbräunen.
Mit der Olivenöl-Kräutermischung bestreichen. Vorsichtig mit den Fingern andrücken.
Im Backofen bei mittlerer Hitze etwa zehn Minuten braten.
Vor dem Anschneiden etwas rasten lassen. Das Filet soll innen rosa sein.

Für die Sauce das Fett in der Pfanne abgießen und den Bratensatz mit rotem Tischwein lösen. Ans Filet im Backofen gießen. Hat der Händler die Rehkarkasse mitgegeben, so kann daraus ein wunderbarer »Rehfond« hergestellt werden. So entsteht eine samtige Sauce: die Karkasse mit Salz, Pfeffer, Lorbeer, Wacholder würzen und mit zerkleinertem Suppengemüse und Schalotte anbräunen, mit Rotwein aufgießen. Mit etwas Pflaumenmus und bestem Johannisbeergelee sowie einem Schuß karibischem Rum und einem EL Sahne verfeinern.

Wir essen zum Rehfilet gern Teltower- und Navetes-Rübchen sowie Kartoffel-Küchlein – gekochte, durchgepreßte Kartoffeln mit Eigelb, etwas Mehl und Salz vermischt und als »Plätzchen« in der Pfanne gebräunt. Noch einfacher: in Olivenöl kurz angebratene Kartoffelwürfelchen.

Rübchen
Für 4 Personen

750 g Teltower Rübchen
Salz
Pfeffer
etwas Olivenöl
(Tröpfchenöl der Sorte Ogliarola)

Rübchen putzen und schälen soweit notwendig. Die gewaschenen Rübchen am besten in einer Kupferkasserolle mit etwas Brühe oder Wasser aufsetzen. Etwa eine halbe Stunde köcheln lassen, bis fast alle Flüssigkeit verdampft ist. Mit Salz und Pfeffer würzen und mit etwas Olivenöl verfeinern.

Optimal ist wie gesagt eine Mischung aus Teltower- und Navetes-Rübchen. Navetes-Rübchen sind jedoch selten erhältlich, weshalb ich in diesem Rezept darauf verzichte.

Sautierte Kartoffeln
Für 4 Personen

500 g Kartoffeln
geschält und in winzige Würfelchen geschnitten
etwas Olivenöl der Sorte Coratina
Salz

Die Kartoffelwürfelchen gut trockentupfen und in heißem Olivenöl rasch kurz anbraten. Das dauert höchstens fünf Minuten. Auf Küchenkrepp entfetten, leicht salzen und sofort servieren.

Rehfilet mit Kräuterkruste
oder endlich ein gedeckter Tisch

Apfelküchlein mit Vanillesauce
Für 4 Personen

3 säuerliche Äpfel

Die Äpfel schälen und mit dem Apfelausstecher entkernen. In fingerdicke Scheiben schneiden.

Ausbackteig:

100 g Mehl
50 g Speisestärke
2 Eigelb
2 Eiweiß
3 EL Calvados
$^1/_8$ l Apfelsaft
1 Glas Mineralwasser
1 EL Olivenöl (Tröpfchenöl der Sorte Ogliarola und zum Einstippen Olivenöl mit gemahlenen Zitronen, mit Mandarinen oder mit Orangen)
1 EL Vanillezucker
Zum Ausbacken 1 l Olivenöl der Sorte Ogliarola

Das durchgesiebte Mehl mit Speisestärke, Eigelb, Calvados, Apfelsaft, Mineralwasser, Olivenöl und Vanillezucker in einer Schüssel verrühren. Das steif geschlagene Eiweiß unterheben. Im Kühlschrank etwas ruhen lassen.
Die Apfelscheiben portionsweise (!) in den Ausbackteig tunken und in einer hohen Pfanne mit Olivenöl goldbraun backen. Auf Küchenkrepp abtropfen lassen. Nach Belieben mit Zucker und Zimt bestreuen und mit Vanillesauce servieren. Ein Tropfen von den »aromatisierten« Ölen zur Vanillesauce hebt himmelwärts.

Das zum Ausbacken verwendete Olivenöl kann – falls nicht zwischendurch Fisch damit behandelt worden ist – bis zu zehnmal eingesetzt werden. Es bilden sich – vorausgesetzt es läuft durch einen Filter zurück in die Flasche – keine toxischen Stoffe. Auch der Geruch bleibt neutral.

Aufgeschlagene Vanillesauce
Für 4 – 6 Personen

0,25 l Milch
0,25 l Sahne
2 Vanillestangen
40 g Fruchtzucker
4 Eigelb
1 Prise Salz
2 EL geschlagene Sahne
einige Tropfen Zitronensaft

Die Vanillestangen aufschlitzen und das Mark herausschneiden. Mit einer Prise Salz in der Sahnemilch aufkochen. Die Eigelb mit dem Fruchtzucker schaumig schlagen. Die Vanille-Sahnemilch vorsichtig durch ein Sieb dazugießen.
Im Wasserbad weiterschlagen bis die Eiermilch luftigcremig ist. Sie bildet dann an der Oberfläche Formen, die nach Hineinblasen wie eine Rose aussehen. Mit etwas Zitronensaft abschmecken. In Eiswasser kalt rühren.
Zum Servieren die Vanillesauce mit dem Handmixer schaumig aufschlagen und die geschlagene Sahne unterheben.

Apfelküchle mit selbstgemachter Vanillesauce
schmecken auch in der Küche gut

Olivenöl und Cholesterinspiegel

von Klaus Fleischer

In den letzten Jahren haben zahlreiche epidemiologische und biochemische Studien in der Ernährungswissenschaft bewiesen, daß gesättigte Fettsäuren, wie sie besonders in tierischen Fetten vorkommen, bei der Steigerung des Gesamtcholesterins besonders die Menge der LDL (Low Density Lipoproteine) und der VLDL (Very Low Density Lipoproteine) -Anteile erhöhen, während der HDL (High Density Lipoproteine) -Anteil verringert wird. Diese LDL- und VLDL-Anteile im Gesamtcholesterin bewirken die Ablagerung von fettigen Substanzen an der Innenwand der arteriellen Blutgefäße, der sogenannte artherogene Effekt entsteht. Eine vorzeitige Arteriosklerose mit der ein Verlust der Gefäßelastizität sowie unregelmäßige Verengungen der Gefäßbahnen einhergehen sowie eine daraus resultierende Minderdurchblutung sind die Folge. Als Krankheitsbild sind besonders die coronare Herzkrankheit mit Angina Pectoris und Herzinfarkt und die Durchblutungsstörung des Gehirns mit vorzeitigem Nachlassen des Kurzzeitgedächtnisses bis zum Schlaganfall bekannt. Der HDL-Anteil im Gesamtcholesterin sorgt, wenn er in ausreichender Höhe (bei Frauen über 55 mg/dl, bei Männern über 45 mg/dl) vorhanden ist, für den Abbau der anderen Cholesterinanteile. Ein hoher Spiegel an HDL-Anteilen im Gesamtcholesterin gilt daher heute als Hinweis auf ein niedriges Herzinfarktrisiko, während ein niedriger HDL-Anteil als erhöhtes Risiko angesehen wird.

Olivenöl besteht zu 55-83% aus einfach ungesättigten Fettsäuren (Oleinsäuren) und zu 3,5-21% aus mehrfach ungesättigten Fettsäuren (Linolsäuren). Nur 7,5-20% sind gesättigte Fettsäuren (Palmitinsäuren). Es war bisher anerkannte Lehrmeinung der Fettstoffwechsel-Forschung, daß einfach ungesättigte Fettsäuren sich in Bezug auf die Senkung des Gesamtcholesterinspiegels und bei der Senkung des artherogenen LDL- und VLDL-Anteils neutral verhalten und nur die mehrfach ungesättigten Fettsäuren zu einer Senkung des LDL- und VLDL-Anteils führen.

Diese Lehrmeinung stand seit langem im Widerspruch zu folgender epidemiologischer Tatsache: Mediterrane Völker weisen mit einem hohen Olivenölkonsum und trotz einer meist kalorienreichen Ernährung eine niedrigere Herzinfarktrate und einen im Durchschnitt niedrigeren Gesamtcholesterinspiegel auf als Vergleichsbevölkerungen in Europa.

Diese Erkenntnisse hatte der Leiter der Abteilung für Epidemologie an der Universität von Minnesota, Prof. Dr. Ancel Keys, nach einem Forschungsvorhaben, das in den frühen Fünfziger Jahren in Neapel begonnen hatte. Er fand in der nach ihm benannten *Seven Countries Study by Keys* heraus, daß die Bewohner des Mittelmeerraumes und besonders die der Insel Kreta eine erheblich geringere, durch coronare Herzkrankheiten (Coronary heart disease = CHD) verursachte Sterblichkeitsrate aufwiesen als die Nordeuropäer und die Bürger der USA. Diese Studie, die je nach Land 5 bis 15 Jahre dauerte, wurde an 50-69 Jahre alten Männern durchgeführt. Errechnet auf eine Dauer von 10 Jahren und einer Personenzahl von 10 000 ergab sich folgendes:

	Kreta	Mittelmeerländer	Niederlande	USA
Todesfälle				
Total	514	1090	1091	1153
CHD-bedingt	9	184	420	574
Ernährung (g/d)				
Brot	380	416	252	97
Gemüse	30	18	2	1
Obst	464	130	82	233
Fleisch	35	140	138	273
Fisch	18	34	12	3
Fette	95	60	79	33
Alkohol	15	43	3	6

(Bem.: die im Mittelmeerraum verwendeten Fette bestanden fast ausschließlich aus Olivenölen)

Es wird deutlich, daß die Essensgewohnheiten in den Mittelmeerländern und besonders auf Kreta, die sogenannte *Dieta Mediterranea*, die »Mittelmeerdiät«, in erheblichem Umfang die Sterblichkeitsrate der coronaren Herzerkrankungen zu reduzieren vermag. Wenn in einem Zeitraum von 10 Jahren von den Bewohnern der Insel Kreta 95% weniger – im Vergleich zu den anderen Bewohnern des Mittelmeerraumes – und 98% weniger – verglichen mit denen der Niederlande und der USA – an CHD starben, so spricht dies für sich.

Für Ancel Keys steht fest, daß der Kern der »Mittelmeerdiät« überwiegend vegetarischer Art ist und weniger Fleisch enthält, dafür aber von Milchprodukten und Obst umrahmt wird. Der größte »Diät-Schurke« – »the major dietory villain« – sei das Fett mit den gesättigten Fettsäuren. Es sei die »Mittelmeerdiät« und nicht länger die Medizinische Literatur, die die CHD in ihre Schranken verweist.

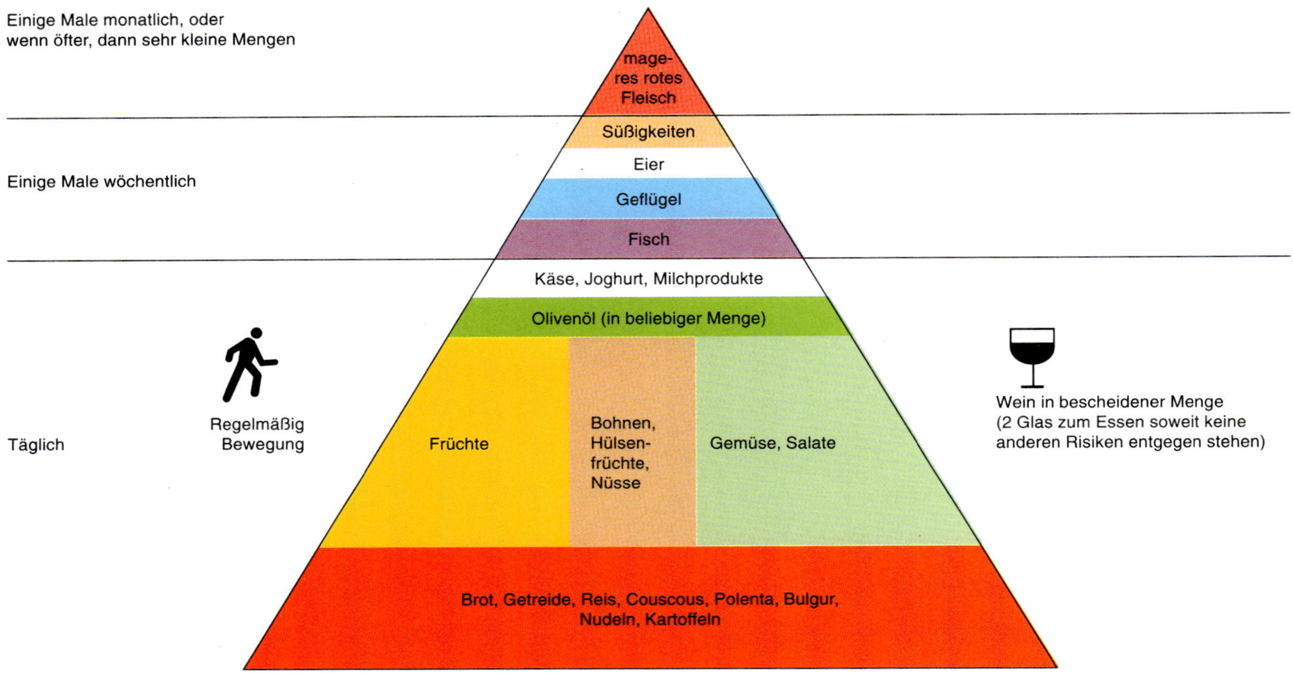

© 1994 Oldways Preservation & Exchange Trust

Die Pyramide der »Mittelmeerdiät« stellt die Eßgewohnheiten der Bevölkerung des Mittelmeerraumes dar. Auf drei Zeitebenen – täglich, wöchentlich und monatlich – werden von unten nach oben quantitativ abnehmend die Hauptnahrungsmittel genannt, wobei Olivenöl und Oliven eine zentrale Position einnehmen. Rund 40% der Gesamtkalorienzufuhr sind Fette. Die Gesamtfettmenge setzt sich aus 20% gesättigten Fettsäuren (z.B. tierische Fette), 7,5% mehrfach ungesättigten Fettsäuren (z.B. Pflanzenfette) und 72,5% einfach ungesättigten Fettsäuren (Olivenöl) zusammen. Begleitet werden sollen diese Eßgewohnheiten von täglicher Bewegung und Wein in begrenzter Menge.

Diese Pyramide stellte Prof. Dr. Willett von der Harvard School of Public Health 1993 an einer u.a. von der WHO organisierten Konferenz zur »Mittelmeerdiät« in Cambridge vor.

Neueste Untersuchungen von Forschern der niederländischen Universität in Wageningen haben eindeutig gezeigt, daß eine olivenölreiche Ernährung den Gesamtcholesterinspiegel erheblich vermindert und zwar durch deutliche Senkung der LDL- und VLDL-Anteile, während der HDL-Anteil hingegen etwas steigt. Diese günstige Wirkung wird von Forschern dem hohen Anteil an einfach ungesättigten Fettsäuren im Olivenöl zugeschrieben, der von keinem anderen natürlichen Öl erreicht wird. Die sogenannten Neutral-Fette (Triglyceride) bleiben bei einem hohen Olivenölkunsum unverändert.

Erwähnenswert ist in diesem Zusammenhang auch der positiv zu bewertende Unterschied zu den Ölen mit einem hohen Anteil an mehrfach ungesättigten Fettsäuren. Untersuchungen in Frankreich und Amerika sowie in anderen europäischen Staaten haben übereinstimmend ergeben, daß Öle mit einem hohen Gehalt an mehrfach ungesättigten Fettsäuren (zum Beispiel Distelöl circa 75%, Sonnenblumenöl circa 65%, Sojaöl circa 60%, Maisöl circa 55%) nicht nur den Gesamt- und den LDL-Cholesterinspiegel verringern, was sehr positiv einzustufen ist, sondern auch die HDL-Werte deutlich senken - was wiederum negativ zu bewerten ist. Das bedeutet, daß der Genuß dieser Öle die Entstehung der oben genannten Herzerkrankungen ebenso begünstigen kann wie der Genuß von Ölen mit einem hohen Anteil an gesättigten Fettsäuren.

Hochinteressant sind auch die Forschungsergebnisse, die kürzlich in London vorgestellt wurden: Untersuchungen über den biologischen Wert des Olivenöls haben gezeigt, daß der im Olivenöl enthaltenen Oleinsäure, eine einfach ungesättigte Fettsäure, in der frühen Ernährung von Säugetieren und somit auch vonneugeborenen Kindern eine der wichtigsten Aufgaben hinsichtlich der Bildung der Zellmembranen, des Gehirns und des Nervensystems zukommt. Dies wirkt sich vor allem positiv auf die Lernfähigkeit des jungen Gehirns aus. Diese Erkenntnis macht die Oleinsäure zur bedeutendsten Fettsäure des neugeborenen Lebens. Gleichzeitig ergaben Untersuchungen von Muttermilch in verschiedenen Ländern, daß die Milch von Müttern, die viel Olivenöl, also Oleinsäure, zu sich nahmen, einen erheblich höheren Oleinsäureanteil enthielt als die Milch von Müttern, die eine oleinsäurearme Nahrung zu sich nahmen. Die mit der Nahrung zugeführte Oleinsäure wird nicht einfach in der Muttermilch an den Säugling weitergegeben, sondern sie bewirkt vielmehr eine Steigerung des Oleinsäure-Anteils in der Muttermilch. Werdenden Müttern wird daher empfohlen, in ihre Nahrung Olivenöl - und zwar von der besten Sorte - miteinzubeziehen und dies auch nach der Geburt fortzusetzen. Unterbleibt das Stillen, so kann dem Säugling Olivenöl durch die Nahrung direkt zugeführt werden. Dies entspricht der jahrtausendealten Tradition des Mittelmeerraumes.

In Bezug auf seine Haltbarkeit und sein Verhalten beim Erhitzen unterscheidet sich Olivenöl ebenfalls erstaunlich stark von anderen Ölen, seien es solche mit einem hohen Anteil an gesättigten oder an mehrfach ungesättigten Fettsäuren. Die chemische Zusammensetzung der ungesättigten Fettsäuren bewirkt je nach den Einflüssen, denen sie ausgesetzt sind - so besonders Licht und Wärme, Oxidations- und Zerfallsprozesse. Es bilden sich Peroxyde mit toxischen Nebenwirkungen, die unter anderem das Öl ranzig werden lassen. Studien haben auch hier ergeben, daß je höher der Anteil an mehrfach ungesättigten Fettsäuren, desto wahrscheinlicher auch die Entstehung der ranzig schmeckenden Stoffe. Zwar enthält jedes Öl bestimmte Antioxydationssubstanzen wie Tocopherole, aber auch hier liegt Olivenöl an führender Stelle. Trotzdem ist eine kühle Lagerung empfehlenswert. Das in Ölen enthaltene Chlorophyll reagiert empfindlich auf Licht, was erheblich zum vorzeitigen

Verfall beitragen kann. Bei dunkler Lagerung unterstützt Chlorophyll hingegen die Antioxydationswirkung. Da Olivenöl viel Chlorophyll enthält, ist dunkle Lagerung erforderlich und der Kauf in lichtundurchlässigen Flaschen angeraten.

Auch beim Erhitzen unterscheidet sich Olivenöl in positiver Weise von den Brat- und Backeigenschaften anderer Öle. Bei hohen Temperaturen kommt es bei Ölen mit einem hohen Gehalt an ungesättigten Fettsäuren zu chemischen Umwandlungen mit toxischen Erscheinungen. Dies gilt jedoch nicht für Olivenöl.

Selbst nach wiederholtem Erhitzen sind die bei den Ölen mit einem hohen Anteil an mehrfach ungesättigten Fettsäuren festgestellten Oxydationsprozesse bei Olivenöl nicht nachzuweisen. Daher ist Olivenöl wie kein anderes Öl sonst hervorragend zum Backen und Braten geeignet. Jedoch ist eine Differenzierung bezüglich der Temperaturen angebracht. So sollten die Olivenöle der Qualitätsstufen »Natives Olivenöl Extra« und »Natives Olivenöl« bis 180 Grad und die Olivenöle der Qualitätsstufe »Olivenöl« bis 210 Grad erhitzt werden. Wer bei höheren Temperaturen mit drittklassigen Olivenölen kochen will, muß sich jedoch darüber im Klaren sein, daß dies den Verzicht auf Würze und Aroma bedeutet, es sei denn, man schmeckt nachträglich mit hochklassigem »Nativen Olivenöl Extra« ab.
Die moderne Forschung bezüglich der Verträglichkeit von Olivenöl für die Verdauungsorgange ist zwar rund 100 Jahre alt, ihre Ergebnisse wurden jedoch lange Zeit nicht so gewürdigt wie sie es verdient hätten. Denn schon Ende des 19. Jahrhunderts fand man heraus, daß Olivenöl bei Personen, die an einer Hyperchlorhydrie (überhöhte Magensäureproduktion) litten, eine säuresenkende Wirkung erreichte. Auch ein Test mit Patienten, die an Magen- und Darmgeschwüren litten, zeigte, daß sich bei 30% der Patienten die Geschwüre verkleinerten, bei 55% eine Vernarbung der Geschwüre erfolgte und sich schließlich die Magensäureproduktion normalisierte. Inzwischen konnten diese Ergebnisse bei allen Versuchen bestätigt werden. Auch die dem Olivenöl innewohnende verdauungsfördernde Wirkung ist heute unbestritten. Indizien sprechen auch dafür, daß zwischen einem erhöhten Konsum von Olivenöl und einem verminderten Auftreten von Gallensteinen ein Zusammenhang zu bestehen scheint. Bei Patienten mit Gallensteinleiden konnte bei der Ursachenforschung in den meisten Fällen ein überreicher Konsum von Speisen festgestellt werden, die hohe Anteile an gesättigten oder mehrfach ungesättigten Fettsäuren enthielten.

So bestätigt die moderne medizinische Forschung einen seit Jahrhunderten überlieferten Erfahrungswert der mediterranen Völker: Das an wertvollen Fettsäuren reiche Olivenöl ist ein kulinarischer Genuß und zugleich von hohem gesundheitlichem Wert.

500-800 Jahre alter Ölbaum der Sorte Cima di Mola
bei Fasano, Apulien

Glossar

Alabastron Ein in Griechenland benutztes kleines Salbgefäß für Duftöle in länglicher oder kugeliger Form mit flacher Öffnung. Zunächst aus Alabaster, dann auch aus Glas, Ton, Bronze, Silber oder Gold.

Amurca Das nach der Pressung der Oliven vom Öl abgesonderte Wasser.

Aryballos Kleines kugelförmiges Gefäß aus Glas, Ton, Bronze oder Silber für Duftöle.

Bügelkanne Bauchige oder kugelförmige Tonvase für Duftöle aus mykenischer und minoischer Zeit (zweites Jahrtausend v. Chr.) mit schnabelartiger Öffnung und drei zusammengesetzten Bügeln.

Canalis el solea Typ einer römischen Ölmühle mit einer großen Basis, auf der die Oliven mit nackten Füßen oder mit Holzschuhen zertreten wurden.

Chanukka-Leuchter Hebräische Öllampe mit acht Lichtern und einem Reservelicht. Im Tempel findet man sie in der Form einer Hängelampe, zu Hause wird sie als Lichterbank verwendet.

Ciclo continuo Moderne Olivenmahlanlage, die alle Arbeitsvorgänge – Mahlen, Pressen und Zentrifugieren – in sich vereint. Früher wurden diese Vorgänge von einer Mühle, einer Presse und einer Zentrifuge getrennt vorgenommen.

Chrisamöl Am Karfreitag in den katholischen Kathedralen geweihtes Olivenöl mit Balsamaromata. Man verwendet es bei der Taufe, der Firmung, der Priesterweihe und auch bei der Weihe von Gebäuden und liturgischen Geräten.

Exaleiptron Griechischer Name für ein Salbölgefäß mit hohem Fuß und Deckel.

Gigante di Spagna Eine aus Spanien nach Apulien eingeführte Tafelolive von hoher Qualität.

Grabstele Meist aufrecht stehender Grabstein auf einem griechischen Grab. Häufig mit einem Bildnis (gemalt oder als Relief) des Toten versehen.

Gutus Griechischer Name für ein Keramikgefäß, dessen Nutzung noch heute unklar ist. Es kann als Öllampe, Säuglingstasse oder, was am wahrscheinlichsten ist, als Duftölgefäß Verwendung gefunden haben.

Kantharos Griechischer Trinkbecher auf hohem Fuß mit zwei Henkeln. Häufig zusammen mit dem Weingott Dionysos abgebildet.

Katechumenöl	In der katholischen Kirche am Karfreitag geweihtes Olivenöl. Mit diesem Öl, das das Böse abwehren soll, werden die Täuflinge gesalbt.
Kelchkrater	Griechisches Gefäß mit weiter Öffnung, zwei Henkeln und Fuß zum Mischen von Wein.
Krankenöl	Ein am Karfreitag in katholischen Kathedralen geweihtes Olivenöl, mit dem Kranke, bzw. Sterbende gesalbt werden.
Lekythos	Griechischer Name für längliche Ton- oder Steingefäße, die Duftöle enthielten. Oft mit mehrfarbigen Darstellungen auf weißem Grund. Sie dienten ausschließlich dem Totenkult.
Menora	Siebenarmiger Goldleuchter für den ehemaligen jüdischen Tempel in Jerusalem.
Mola olearia	Römische Mühle mit einem Mahlrad, das um eine Achse senkrecht auf einer runden Steinplatte läuft.
Myron	Duftöl, das sich im Sarg eines Heiligen befand und an die Gläubigen verteilt wurde. Ihm sagte man wundersame Kräfte nach.
Myrrhe	Bezeichnung für Olivenöl, das mit Duftkräutern angereichert ist.
Oleaster	Wild wachsender Ölbaum, der aus einer Olive hervorgegangen ist, die von einem wilden Ölbaum stammt.
Olevastro	Wild wachsender Ölbaum, der aus einer Olive hervorgegangen ist, die von einem kultivierten Ölbaum stammt.
Oleificio	Italienische Bezeichnung für eine Olivenölmühle.
Olio d'oliva extra vergine	Olivenöl, das zur ersten Kategorie der in neun Stufen unterteilten Olivenölkategorien gehört. Es darf einen Grad an freien Fettsäuren nicht übersteigen. Im Deutschen bezeichnet man es als »Natives Olivenöl extra«.
Olio di sanza	Oliventresteröl, das zur siebten der insgesamt neun Olivenölkategorien zählt. Es wird unter Verwendung von Lösungsmitteln gewonnen.
Pasaul	Apulische Dialektbezeichnung für eine schwarze Tafelolive.
Pelike	Griechische Bezeichung für eine zweihenkelige Amphorenart, bei der der Bauch nach unten gerutscht ist und die Halsöffnung kleiner gehalten wurde.
Perchlorethylen	Chemische Substanz, mit der Fette aus Stoffverbindungen herausgelöst werden können. Es gilt als gesundheitsschädlich.

Pithoi Große, bis zu zwei Meter hohe Tongefäße, die in Griechenland zur Aufbewahrung von Öl, Wein, Honig und Getreide dienten.

Sabbat-Lampe Jüdische Öllampe mit mehreren Lichtern, die aus religiösen Gründen bereits am Freitag angezündet wurde und während des darauffolgenden Sabbats den ganzen Tag über Licht spendete.

Skyphos Griechischer Name für ein Trinkgefäß mit zwei horizontalen Henkeln.

Striegel Die Bezeichnung wurde von dem griechischen Wort »strigilis« abgeleitet, das Schabeisen bedeutet. Der Striegel ist sichelförmig und diente zum Abschaben des Ölschweißes vom Körper des Athleten.

Tabulatum Lateinische Bezeichnung für einen Lagerraum, in dem z.B. die in der Ölmühle angelieferten Oliven eingelagert wurden.

Torcularum Lateinische Bezeichnung für den Raum, wo die Ölmühle und die Ölpresse standen.

Torculum Lateinische Bezeichnung für Ölpresse.

Trapetum Römische Ölmühle mit zwei halbkugelförmigen Mahlrädern, die sich in einem kugelförmig ausgehöhlten Steintrog um eine Achse drehen.

Trester Ausgepreßter Fruchtbrei. Diese Bezeichnung wird für Oliventrester und Traubentrester verwendet.

Volutenkrater Großes Gefäß mit zwei geschwungenen Henkeln, das zum Mischen von Wein und Wasser verwendet wurde.

Ölbaum der Sorte Ogliarola nach dem Schnitt

Historische Quellen

Augustinus, Aurelius: *De civitate dei.* (22 libri). Lib. XVIII, 12. München 1978

Die Bibel oder die ganze Heilige Schrift des alten und neuen Testaments. Nach der deutschen Übersetzung von Martin Luther. 166. Auflage. Halle 1834

Cato, Marcus Porcius: *De agricultura liber. Origines.* Bibliotheca Scriptorum Graecorum et Romanorum Teubnerania CXXXV. 2. Auflage. Leipzig 1982

Kallimachos: »Die Locke der Berenike«. In: Catullus, Gaius Valerius: *Carmen LXVI.* Stuttgart/Berlin 1963

Cicero, M. T.: *Reden gegen Verres IV,* 35.

Columella, Lucius Junius Moderatus: *De re rustica.* (12 libri). Lib. I, V, XII. München/Zürich 1983

Diophantos: *Geoponica* 15, 7, 6, in: Pauly, Wissowa, Kroll, Real-Encyklopädie der classischen Altertumswissenschaft, Bd. 7. Stuttgart 1912

Euripides: *Ion.* Stuttgart 1983

Herodot: *Histories.* (9 libri). Lib. V, VIII. Stuttgart 1963

Homer: *Ilias.* Hrsg. Dietrich. Übersetzt von Thassilo von Scheffer. Bd. 13. Bremen 1938.

---: *Odyssee.* Hrsg. Dietrich. Übersetzt von Thassilo von Scheffer. Bd. 14. Bremen 1938.

Horaz: *Oden und Epoden,* Carm. Lib. II, 6.9– 16; III, 16.26. Stuttgart 1984

---: *Satiren,* Bd. II, 4.64. Nördlingen 1985

Kallimachos, *Hymne auf Athena*

Martial: *Epigramme,* Lib. I, 46; Lib. XII, 63; Lib. XIII, 101.

Ovid: *Epist. heroides.* XXI.

---: *Metamorphosen.* (15 libri). Lib. VI. Hrsg. Wolfgang Gerlach. München 1939

Palladius: *Opus agriculturae.* (14 libri). Lib. XII. Bibliotheca Scriptorum Graecorum et Romanorum Teubnerania XXVIII. Leipzig 1975

Pausanias: *Graeciae descriptio/Beschreibung Griechenlands.* Zürich/Stuttgart 1967

Phlegon von Tralles: *Fragmente der griechischen Historiker.* Folie 1. o.O., o.J.

Plinius, Gaius Secundus: *Naturalis historia.* (37 libri). Lib. VII, XV, XVIII. München 1981

Plutarch: *Parallele Lebensläufe.* Theseus: 18, Julius Caesar: 55. München 1913

Sophokles: *Oedipus auf Kolonos.* Stuttgart 1960

Strabon: *Geographica.* (17 libri). Bonn 1968

Theophrast: *Historia plantarum.* (10 libri). Lib. IV, 2, 8, 9. o.O, o.J.

---: *De odoribus.* o.O., o.J.

Varro, Marcus Terentius: *Rerum rusticarum.* (3 libri). Lib. I. o.O., o.J.

Stacheliger, wilder Ölbaum auf Zypern

Weiterführende Literatur

Blümner, H.: »Die Fabrikation der Öle und Salben«. In: *Technologie und Terminologie der Gewerbe und Künste bei Griechen und Römern.* Bd. 1, S. 332-364. Hildesheim 1969

Bordmann, J.: *The Olive in the Mediterranean: its culture and use,* in: Phl.Trans.R.Soc.Lon.B. 275, 187-196. Oxford 1976

Brödner, E.: *Die römischen Thermen und das antike Badewesen, S. 124. f.* Darmstadt 1983

Brommer, F.: *Die Parthenonskulpturen.* Mainz 1979

Edwards, I.E.S.: *Tutanchamun: Das Grab und seine Schätze.* Bergisch Gladbach 1978

Eitam, D.: *Olive presses of the israelite period, reprinted from Tel Aviv,* Journal of the Tel Aviv University Institute of Archaeology, Vol 6, 3-4, S. 146-155. Tel Aviv 1979

Enciclopaedia Judaica, *Chanukka,* S. 288-298. Berlin 1930

Evans, A.: *The Place of Minos at Knossos.* London 1921-1936

Fontanazza, G., Bertani, L.: *La Nuova olivicultura, moderne technologie di coltivazione.* Lucca 1984

Hampe, R.: *Zu den Panathenäischen Amphoren.* Mainz 1957

Herrmann, H.V.: *Olympia: Heiligtum, Wettkampfstätte.* München 1972

Hoops, J.: *Geschichte des Ölbaums,* Sitzungsberichte der Heidelberger Akademie der Wissenschaften, Philosophisch-Historische Klasse, Jg. 1942/43, 3. Abhandlung. Heidelberg 1944

Keys, A.: *Coronary heart desease in seven countries,* Circulation 1970; 41 (suppl.), S. 1-211

Keys, A.: *Mediterranean diet and public health: personal reflections,* in: The American Journal of Clinical Nutrition, Juni 1995, Vol. 61, n. 6 (suppl.), 1321S-3S.

Kroll, G.: *Das Heilige Land.* Köln 1984

Mallwitz, A.: *Olympia und seine Bauten.* Darmstadt 1972

Mayer, C.: *Das Öl im Kultus der Griechen.* Diss. Heidelberg 1916. Würzburg 1917

Mensink, R., Katan, M. B.: *Effect of monounsaturated fatty acids versus complex carbohydrates on high-density lipoproteins in healthy men and women. (A comparative study of diets rich in olive oil or carbohydrate.)* in: The Lancet, Jan, 17, 1987, S. 122-125.

Renaud, S., u. a.: *Cretan Mediterranean diet for prevention of coronary heart desease,* in: The American Journal of Clinical Nutrition, a.a.O., 1360S-7S.

Richter, W.: *Die Landwirtschaft im Homerischen Zeitalter.* Göttingen 1968

Schäfer-Schuchardt, H.: *L'Oliva, la grande storia di un piccolo frutto.* Bari 1988

Simon, E.: *Die Götter der Griechen.* München 1969

Willet. W. C., u. a.: *Mediterranean diet pyramid: a cultural model for healthy eating,* in: The American Journal of Clinical Nutrition, a.a.O., 1402S-6S1

Ölbaum der Sorte Ogliarola auf blühenden Wiesen in der Nähe von Bitonto

Über den Autor

Horst Schäfer-Schuchardt, geboren 1936, lebt in Würzburg und auf einer Ölmühle nördlich von Bari. Er ist promovierter Kunsthistoriker, Rechtsanwalt und Italienspezialist. Für das Bayerische Fernsehen drehte er eine Reihe von Dokumentarfilmen, so z.B. auch »Die Olive, die große Geschichte einer kleinen Frucht«, eine Sendung, die mehrfach in den Regionalprogrammen der ARD lief. Er ist wissenschaftlicher Mitarbeiter der vom Consejo Oleicola Internacional in Madrid vorbereiteten Weltenzyklopädie über den Ölbaum. Neben zahlreichen wissenschaftlichen Forschungsarbeiten – wie z. B. das Corpus über »Die figürliche Steinplastik des 11.-13. Jhs. in Apulien«, »Die Höhlenkirchen Apuliens« oder »Der Nikolauskult« – und Veröffentlichungen lieferte er auch Beiträge zu verschiedenen Reiseführern. Seit Jahren leitet er außerdem die Dante Alighieri Gesellschaft in Würzburg.

5. Auflage 1998

Titel:
Die Olive. Kulturgeschichte einer Frucht

Autor:
Horst Schäfer-Schuchardt

Layout: Prof. Hans Fick
Redaktionelle Leitung: Lucyna Lodter

Lektorat: Heidrun Schoppelrey
Herstellung: Michael Nagler
Layout-Realisierung: Dieter Koch

Satz: MEDIA 2000, Nürnberg
Litho: Reprotechnik Staudacher, Nürnberg
Druck: Druckerei Tümmel, Nürnberg

ISBN 3-922619-26-6

Bildnachweis

Alle Aufnahmen stammen von Horst Schäfer-Schuchardt mit Ausnahme folgender Abbildungen:

Titelfoto (Ausschnitt): Studio Teubner
S. 53: Fulda, Schloßfasanerie
S. 60/61: Berlin, Antikenmuseum
S. 63: Rom, Musei Vaticani
S. 66– 69: Würzburg, Martin von Wagner Museum
S. 71: Würzburg, Martin von Wagner Museum
S. 73: Würzburg, Martin von Wagner Museum
S. 78: Basel, Antikenmuseum
S. 86, 87: Rom, Musei Vaticani
S. 91 (rechts): London, British Museum
S. 96 (unten): Boston, Museum of Fine Arts
S. 97: Würzburg, Martin von Wagner Museum
S. 116/117: © Folberg, Neil/The Image Bank
S. 122, 123: Schweinfurt, Städtische Sammlung
S. 129– 132: Schweinfurt, Städtische Sammlung
S. 166 (oben): Würzburg, Martin von Wagner Museum
S. 246: Oldways Preservation & Exchange Trust, Cambridge